_____ 에게

'이렇게 사는 게 맞는 걸까?' 도서는
당신에게, 당신의 소중한 이들에게, 삶의 의미를
치열하게 찾는 모든 이들에게 작은 길잡이가
되어드리고자 제작된 도서입니다.

책을 본격적으로 펼치기 전 당신의 이름을 적고,
도서를 눈에 담는 내내 당신의 삶을 떠올리며,
기어코 마지막 장에 닿았을 땐, 당신에게
가장 소중한 가치가 무엇인지 깨닫길 바랍니다.

언제든 찾을 수 있는 집과 같은 도서로 당신에게 남길
소원하며, 소란스러운 일상에서 벗어나 홀로 떠나는
독서의 여행, 편안한 시간 되시길 바랍니다.

은방울꽃의 꽃말 : 다시 찾은 행복

이렇게 사는 게 맞는 걸까?

작가의 말

"이렇게 사는 게 맞는 걸까?"

어느 날 무심코 허공에 뱉은 말이다. 남들이 입 모아 말하는 삶을 살아도, 원해서 택한 삶을 살아도, 그 어떤 삶을 살아도 온전한 행복과 삶에 정답을 찾진 못했다.

누구는 생각을 줄이고 "그저 주어진 일상에 감사하며 살아가라.", "그 자체가 행복이니 괜히 자신을 괴롭히지 말아라"라고 이야기하지만, 남의 삶에 의미를 나의 삶에 그대로 적용하기엔 남은 생이 너무 길고, 채워지지 않는 의문들이 너무 괴롭다.

삶에 정답이 없다는 건 잘 안다. 미치도록 고민하고, 찾고, 괴로워했으니까. 그러나 정답을 찾을 순 없어도, 각자의 삶에 의미는 각자가 정할 수 있다.

관계의 가치를 우선으로 두는 사람, 물질의 가치를 우선으로 두는 사람, 사랑의 가치를 우선으로 두는 사람, 내면의 성장을 우선으로 두는 사람.

이 중 어떤 것을 가장 소중히 여기고, 어떤 가치를 최우선으로 두고 살아가 자신이 행복할 수 있는지는 스스로 정할 수 있다는 말이다.

 어떤 삶이 되었든 자신의 만족과 행복이 가장 중요한 법이고, 이에 함께 어우러져 살아갈 수 있는 사람이 있다면 더 큰 행복이 삶에 깃드는 법이다.

 그러니 방황은 그만하자. 모두가 스스로 삶에서 가장 중요한 가치를 스스로 정의 내리고, 이를 위해 살아가며 삶에 의미를 소중히 품길 바란다. 의미를 품는 삶은 빛나기 마련이고, 의미를 찾은 당신은 더 살아가고픈 의지를 품기 마련이니.

 이에 나의 씀이 조금이라도 도움이 되길 진심으로 소원한다.

 나의 삶의 가치는, 당신들에게 글로써 도움의 발판이 되는 것. 그것으로 충분하다.

contents

작가의 말　　　　　　　　　　　　　　4

1장
성장, 그릇을 무던하게 넓히는 일

인내	14	달리기	38
부족함	15	욕과 약	42
번아웃	16	혼자	44
선택	18	고독	45
무너짐	20	믿음	47
듣는 말	21	생각	49
쓴소리	22	운	50
회복 탄력성	24	경험	51
두려움	26	극복	52
고립	28	최선	54
단점	30	습관	56
평정심	31	의문	58
의심	32	감정	60
차단	34	취미	61
질문	35	묵묵히	62
유연함	36	문득	64

성장	66	1장, 자국	67

2장

사랑, 가면 없이 마주 보는 일

그런 사람	70	유연함	94
갈등	71	이유	95
헤어짐	73	콩깍지	100
눈치	75	과거	102
여름	77	한 폭의	104
마땅히	78	바람	105
울보	79	끝, 맺음	106
약점	81	약속	107
정, 사랑	82	진솔함	108
왜 나를	83	직감	109
마음은	84	사진	110
짝사랑	86	남녀	111
받는 법	87	언제나	113
채워짐	89	사랑	116
용기	91	2장, 자국	117
질투	92		

"글을 눈에 담는 누군가에게 닿아

3장

관계, 함께라서 살아간다

결	120	차이	144
정, 기준	121	집	146
존중	123	용서	148
뱉은 말	125	특징	150
탈	127	정, 옛것	152
쉼표	128	성향	154
고마움	129	선함	156
귀한 노력	130	의지	158
친구	131	기대	159
입장, 차이	134	부모	161
안정	135	아이	163
상처	137	나이	165
진정한 친구	139	무례	167
의심	141	함께	168
험담	143	3장, 자국	169

삶에 방황을 조금이나마 줄여주길"

4장

삶과 위로, 오늘도 의미를 찾아서

간절함	172	우산	199
기준	174	비	201
시야	176	카르페디엠	203
괜찮아	178	미래	205
끝	180	현재	207
다짐	182	과거	208
질투	184	덜 완벽	210
단면	186	희망	211
혼잣말	187	변화	212
화	189	이런 날	214
나이	191	용서	215
여유	193	삶은 작품	217
놓음	194	4장, 자국	219
정신	195		
봄	197		

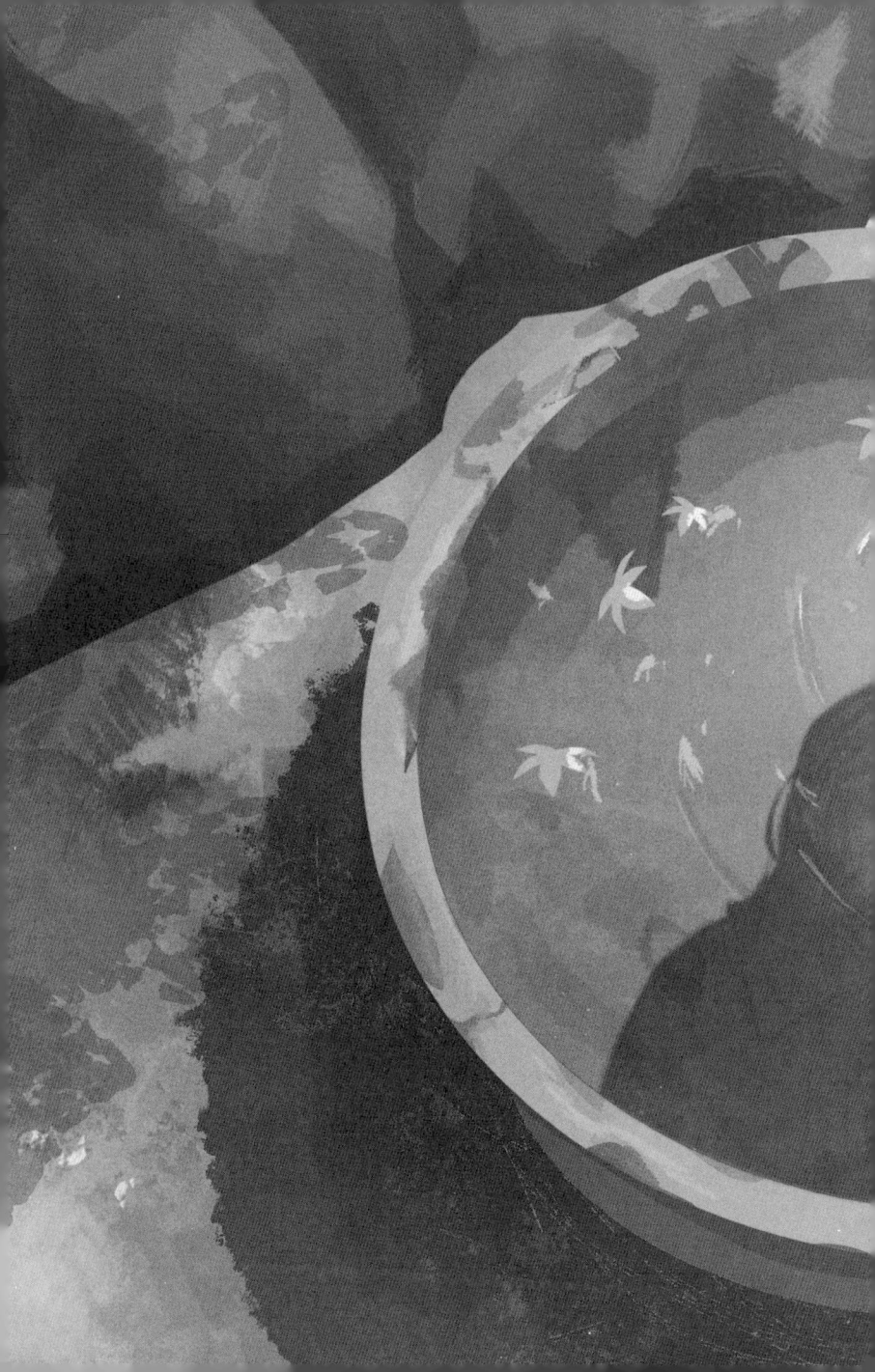

1장
성장,
내면의 그릇을
넓히는 일

 인내

 작가의 인내는 의자에 오래 앉아있는 것이고, 운동선수의 인내는 숨이 목 끝까지 차올라도 호흡을 통해 집중의 선을 다시 가다듬는 것이다. 아이들을 교육하는 선생님의 인내는 자신보다 정신연령이 어린아이들의 무례함을 이해하는 것이고, 부모의 인내는 자라나는 아이들의 방황을 견뎌내는 것에 있다.

 인내는 끝없는 누르기다. 가슴이 답답하고, 벅차고, 숨이 턱 끝까지 차올라 눈물이 고여도 감정을 통제하고 끝없이 누르는 사람만이 본인의 한계점을 밟고 나아간다.

 만일 당신이 무언가에 '도전'을 하고 있음에도 마음과 정신이 과하게 편안하거나, 모든 일이 쉽게만 느껴진다면 지금 제대로 된 노력을 실천하고 있는 것인지 의심해야 한다. 모든 성장은 고통과 인내 속에서 이루어지는 법이니.

부족함

 자신의 부족함을 알게 되었을 때, 어떤 시선으로 현재를 다스리는가에 따라 사람의 깊이를 알 수 있다.

 오랜 시간 쏟은 노력에도 원하는 바에 닿지 못한다는 사실을 깨달았을 때, 다른 이들의 성과를 탐내는 것이 아닌, 단지 자신의 오늘이 부족했음을 인정하고 이를 채우기 위해 더 깊은 노력을 욕심내는 사람.

 후에 지식이 쌓이고, 경험이 쌓이고, 시간이 쌓이면 어떤 곳에 어떤 삶을 살아가고 있어도 지금보다 더 나은 삶을 살아갈 본인의 미래를 떠올릴 줄 아는 사람.

 휘청이고 넘어져도 다시 일어나 힘을 쥐어 짜내는 방법을 스스로 터득하는 사람의 깊이는 날로 깊어진다. 고통스러워도 자신을 놓지 않는 강한 정신을 가진 사람이니 말이다.

번아웃

몸과 마음이 지쳐 어떠한 의욕도 나지 않는 상태. '번아웃'

번아웃이 오면 모두가 입을 모아 쉬어가라 이야기한다. 하지만, 나는 이 입장에 일정 부분 반대한다. 지침에 쉬어가는 시간이 약이 되는 건 맞지만, 필요 이상으로 쉬는 것은 '쉼'이 아닌 '멈춤'이 되기 때문이다.

쉼은 마음을 편안하게 만들지만, 그와 동시에 힘든 상황을 무의식적으로 거부하도록 만든다. 어떤 힘듦도 어떤 고통도 없는 편안함의 상태에 이르러 다시는 버거움에 닿고 싶지 않은 것이다.

하지만, 정확히 상황을 바라봐야 후회하지 않는다.

'멈춤'은 또 다른 고민거리와 걱정되어 내게 찾아온다는 것을, 삶은 편안함과 버거움의 반복인 것을.

모든 건 적당해야 좋다. 이에는 '쉼'도 빠질 수 없다.

선택

 안정적인 삶, 위태로운 삶. 두 가지 삶을 모두 걸어보니, 불안은 변치 않고 곁에 머물고 있음을 알게 되었다.

 갈림길에서의 선택이다. 반복되는 일상에 안정감 느끼지만, 미래가 갑갑한 삶. 변화 많은 삶에 위태로움을 느끼지만, 미래가 기대되는 삶. 매한가지 불안하고, 고민 많은 삶이다.

 그렇다면 이왕 살아가는 삶, 자신이 원하는 길을 택해야 하지 않겠는가. 남들이 뭐래도 자신을 믿는, 그런 삶을 살아가야 하지 않겠는가.

스스로를 믿고,
용기를 두려워하지 않는 삶을.
과감히 상상하고,
그 상상을 현실로 만드는 삶을.

자신을 굳게 믿는 그런 삶을.

무너짐

걱정은 사라지지 않고, 불안은 곁을 떠나지 않고, 생각은 계속 쌓이지. 힘을 쥐어짜야 한 단계 앞으로 나아갈 수 있다는 걸 아는데, 마음이 머리를 따라가지 못해 결국은 내가 나약한 탓인 것만 같지. 답답한 마음에 누구에게 털어놓으려 해도, 나약해진 나의 모습을 한심하게 바라볼까 봐 맘 놓고 털어놓지도 못했지.

"고생했겠다. 힘들었겠다."

그런 네게 이 글이 커다란 위안으로 닿았으면 좋겠다. 나약한 모습 내 앞에서 보여도, 네 곁에 계속 머무른다는 든든함으로 닿았으면 좋겠다.

이미 충분히 잘하고 있다고, 더 잘 해낼 거라고, 걱정하지 말라고, 자신을 믿으라고, 가끔은 무너져도 된다고, 언제나 널 응원한다고. 네게 계속 속삭여 주었으면 좋겠다.

듣는 말

 험한 세상이다. 언어의 힘을 무시한 사람들이 남의 의견을 존중하지 않고 본인의 생각을 무차별적으로 강요하고 있으니 말이다.

 이 속에 살아가는 우리는 되도록 타인의 의견에 휘둘리지 않게 정신을 바로잡아야 한다. 의견과 참견, 진정한 조언과 생각의 강요 사이에서 어떤 말이 내게 도움이 되고, 어떤 말이 내게 해가 되는지 따지고 판단해야 한다. 그래야만 타인의 강요에 휘둘리지 않을 수 있기 때문이다.

 자신이 듣는 말을 신중하게 고르는 사람과 무차별적으로 모든 말을 흡수하는 사람의 차이는 시간이 지날수록 선명히 나뉘게 된다. 소신을 품고 본인의 의지로 삶을 살아가는 사람과, 남의 도움을 받지 못하면 어떤 선택도, 어떤 확신도 얻을 수 없는 사람. 이 둘로 말이다.

쓴소리

 남보단 나에게 듣는 것이 낫다. 자기검열은 고통스러운 과정이지만, 남에게 쓴소리로 매를 맞아 아파하는 것보단 덜 아프기 때문이다.

 냉정한 시선으로 자신을 돌아봐야 한다. 게으름에 익숙해진 자신, 핑계에 익숙해진 자신, 타협에 익숙해진 자신. 그런 본인을 벗어나고 싶다면 자신에게 던지는 쓴소리를 두려워해서는 안 된다.

 매일 반복되는 게으름이 나를 천천히 무너뜨리고 있는 것을 느끼고 있지 않은가? 익숙하지 않고 힘들다는 이유로 그저 그렇게 인생을 살아가게 둔다면, 지금과 똑같은 자신으로 평생을 살아가게 될 것이다.

높은 이상을 바라지만 낮은 현실에 타협하는 삶, 남이 던진 비판에 겁먹어 숨는 삶, 자신에게 지는 삶.

이런 인생을 살아가고 싶지 않다면 더 이상 자신의 고된 마음과 협상해서는 안 된다. 그러니 자신에게 던지는 쓴소리에 인색하지 말자.

나를 가장 보살펴 줘야 하는 건 자신이며, 훈육이야말로 진정한 보살핌이라 할 수 있으니.

회복 탄력성

'실패나 부정적인 상황을 극복하고 원래의 안정된 심리 상태를 되찾는 성질이나 능력.'

회복 탄력성의 정의다.

업무를 처리하다 실수를 범했을 때, 자신이 한 노력이 원하는 성취에 닿지 못했을 때, 믿는 이의 배신으로 좌절과 분노에 빠져있을 때, 삶의 막막함이 주는 무게감에 허망할 때 우리는 좌절한다. 그리고 일어나지 못해 괴로워 몸부림친다. 이때 대부분의 사람이 방황을 시작하고, 그렇게 시작된 방황은 언제 끝날지 아무도 알지 못한다.

좌절에서 빠르게 회복하는 사람과 느리게 빠져나오는 사람의 차이가 바로 회복 탄력성을 가지고 있는가와 가지고 있지 않은가로 나뉜다.

빠르게 회복하는 사람의 특징은 새로운 도전을 두려워하지 않으며, 더 나은 사람이 되고자 하는 의지로 매일 삶에 개선점을 찾는다. 또한, 여러 번 무너지고, 다시 극복해 본 경험을 반복적으로 쌓으며 매일 강해진다.

결론적으로 회복 탄력성은 삶에서 마주하는 무수한 좌절을 극복할 수 있게 도와주는 능력이다.

더 나은 삶을 살아가고 싶다면 회복하는 과정을 두려워해서는 안 된다. 당신이 선망하는 대상도, 이 글을 쓰는 저자도 매일 그렇게 나아가고 있으니 더 이상 자신과 타협하지 않기를 바란다.

두려움

두려움을 잡아먹으며 성장하자. 그리하지 않으면 먼저 잡아먹히게 될 것이다. 두려움은 매섭게도 항상 작은 틈을 노리고 있다. 당신이 발을 헛디디는 순간, 방심한 순간, 미래에 의문을 품는 순간. 두려움은 놀랍게도 이 작은 순간을 놓치지 않고 파고든다.

그러니 못된 의도로 곁에 머무는 두려움을 먼저 억누르자. 앞서 선두를 차지해야 당신의 정신을 지킬 수 있다.

높은 시선으로 아래를 내려보며 단단히 일러두자. 발목을 붙잡으려 아래에서 매섭게 쳐다보는 두려움에게 "일개 생각일 뿐인 네가 내가 할 수 있는 건 없어"라고 이야기하며 그리 매 고비를 넘기는 거다.

장담한다. 당신이 만약 이와 같은 방법으로 수차례 찾아오는 두려움을 잡아먹으며 나아간다면, 이제 그 누구도 쉽게 무너뜨릴 수 없는 강인한 사람이 되어있을 것이다.

고립

 고립은 성장을 위한 필수적인 과정이다. 그리고 이를 물에 잠수한 순간을 빗대어 표현하고자 한다.

 숨을 참고 물속에 머리를 넣으면, 순식간에 주변의 소음이 사라진다. 그와 동시에 모든 감각이 선명해지고 오롯이 남아있는 숨을 어떻게 더 붙잡을 수 있는지에 집중이 쏠린다. 이 느낌을 기억해야 한다. 이 순간이 바로 고립이기 때문이다.

 귀에 들리는 세상의 온갖 잡음을 차단하고, 모든 신경을 주어진 시간과 정신에 집중해야 한다. 그리하지 않으면 귀한 시간을 허비하게 되는 것은 물론, 타인의 참견에 휘둘리며 또 한 번의 실패와 좌절을 겪게 될 것이다. 그러니 무언가 절실히 이루고 싶다면 자발적으로 고립을 선택하자.

 고립은 목표를 이루기 위해 반드시 거쳐야 하는 과정이다.

한 번쯤 귀를 막고, 온몸의
신경에 집중해 보길 바란다.

모든 감각을 느끼고
외부와 차단이 되면 온전히
자신에게 집중할 수 있다.

이를 직접 느껴보길 바란다.

단점

 장점을 먼저 인정해야 한다. 자신의 장점을 정확히 알고 있는 사람은 장점을 강점으로 만들고, 그와 동시에 강점을 기반으로 단단한 자존감을 쌓아 올리기 때문이다.

 그다음 인정한다. 자신의 단점을 '건강하게' 인정한다. 그때부터 시작이다. 더 나은 사람이 되기 위해 끊임없이 내면의 균형을 맞추며 모난 빈틈을 꼼꼼하게 채우는 것이다.

 그러니 우리는 단점에 집중하며 자책하기보단, 자신의 장점을 바라보고 건강한 자존감을 쌓아 올리는 일에 먼저 집중해야 한다. 그것이 나의 정신을 지키는 방법이자, 단점을 건강히 채워나갈 수 있는 유일한 방법이다.

평정심

 평정심을 유지한다는 건, 호흡을 통해 널뛰는 감정을 수시로 다듬는 일이다.

 화가 나서 언행이 통제되지 않을 때, 호흡을 통해 감정을 가라앉히고 자신을 다스리는 것. 너무 기쁘거나 행복해서 주변 이들의 감정을 배려하지 못할 때, 붕 떠 있는 마음을 다듬어 차분히 가라앉히는 것. 타인에게 서운함이 몰려와 왈칵 눈물 쏟아질 때, 진정이란 이름으로 격양된 감정을 다독이는 것.

 감정을 수시로 다듬는 일은, 자신의 모든 감정과 교감하고 그들과 대화하는 일이다. 이 과정은 한 단계 더 높은 차원의 성품을 안겨주고, 더 넓은 그릇을 가진 사람으로 성장할 수 있는 길을 열어준다. 그러니 감정을 다듬는 일을 소홀히 하지 말자. 더 나은 인간으로 살아갈 기회를 열어주는 소중한 열쇠이니.

의심

 자신을 의심하지 말자. 당신은 충분히 잘하고 있다.

 실천을 오래 이어가는 일은 결코 쉬운 일이 아니다. 무너짐은 당연히 동반하고, 울음을 삼켜내는 밤도 있을뿐더러 내가 이것밖에 안 되는 사람이었나, 여기까지가 한계인 사람이었나, 몰려오는 자괴감에 괴로운 날도 있을 것이다.

 그렇지만, 그럼에도 앞에 놓인 상황을 외면치 않고 당장에 괴로움을 삼켜낸다면, 그리하여 마지막 성취의 선에 발을 올린다면, 또 그만큼 큰 기쁨이 없다.

 그러니 버티자. 당장 힘들더라도, 마음이 버겁더라도, 후에 더 커진 자신을 떠올리며 나아가자. 해낼 수 있다. 한낱 생각뿐인 의심에 무너지기엔 당신이 공들인 노력이 너무나도 아깝다.

나는 잘하고 있다.
나는 나를 믿는다.
나는 나를 의심하지 않는다.
나는 내가 원하는 삶을 이룬다.

차단

  때론 목표에 집중하기 위해, 타인의 조언을 흘려보내는 차단도 필요하다. 우리의 정신은 생각보다 약하기 때문이다.

  현명히 차단을 사용해야 한다. 주변의 걱정 실린 말은 때로 현재의 나를 촘촘히 돌아볼 계기가 되어주지만, 더 힘을 낼 수 있는 사람에게 걱정은 독으로 변해 의지를 무너트리기 때문이다. 예를 들면 중요한 목표를 앞둔 사람에게 "너무 힘들지 않느냐"라는 말이 오히려 의지를 꺾는 것과 같다. 그러니 적절히 차단을 활용해 불필요한 조언과 걱정을 피하자.

  가끔은 본인의 신념만을 믿고 나아가야 할 때가 있는 법이니.

질문

『 나는 왜 이걸 하고 있지?
  나는 왜 안 좋은 습관을 떨쳐내지 못하지?
  나는 왜 해야 할 일을 끝내지 못하지?
  나는 왜 한 가지 일에 집중하지 못하지?
  나는 왜 내 삶에 욕심내지 않지?
  나는 왜 나의 못난 모습만 보고 있지?
  나는 왜 나를 포기하지? 』

 자신의 삶을 책임지기 위해 노력한다는 건, 일상에 촘촘한 의문을 계속 던지는 일이다. 정신없이 지나가는 시간의 틈 사이, 고요히 앉아 나에게 질문을 던지는 일. 삶에 고장 난 부분을 하나, 둘 고치는 일. 더 나아질 나의 모습을 계속 상상하는 일.

 자기검열을 의도적으로 하는 사람은 하루가 다르게 더 나은 삶으로 나아간다. 건강한 일상을 가꾼다는 건, 괴로워도 의문을 놓지 않는다는 것이다.

유연함

 삶은 언제나 마음대로 흘러가지 않는다. 이는 모두가 공감할 사실이다. 하지만, 간혹 이를 인정하지 않고 자신이 정한 규칙과 규율에 모든 일이 흘러가야 한다고 생각하는 이들이 있다. 변화하는 상황에 유연히 대처하지 못해 스스로 괴로워하는 사람들이 바로 그런 사람들이다.

 세상 모든 일이 마음대로 흘러가지 않는 사실을 인정한 사람과 인정하지 않는 사람의 차이는 "유연함"에 있다. 처음 세운 계획도 상황에 따라 적절히 수정하는 사람과 이를 끝까지 고집하는 사람의 차이는 분명히 나타나기 때문이다.

 때에 따라 적절히 계획을 수정하고 살아가야 삶에 여유를 들일 수 있다. 틀에 박힌 강박에 고통받고 싶지 않다면, 인정하고 유연히 변화하는 여유를 삶에 들이자. 그래야 당신의 삶이 편안할 수 있다.

유연한 태도로 삶을 바라보자.

그래야 당신이 마음이 편안하고,
당신의 삶이 편안하다.

달리기

깨달음을 얻은 어느 날의 이야기다.

『몸을 풀기 위해 걷기 시작했다. 주위를 둘러보며 하천에 있는 새들을 눈에 담고, 산책로 의자에 앉아 평화를 누리는 이들을 눈에 감사히 담았다. 그리곤 이내 뛰기 시작했다. 첫 목표는 10분간 쉬지 않고 달리기다.

뛰기 시작한 지 약 5분이 지나자, 남은 시간을 확인했다. 충분히 뛰었다는 생각으로 시간을 확인한 탓일까. 아직도 절반 가까이 남아있는 시간에 마음의 풀이 조금씩 꺾이기 시작했다. 이내 3분을 남기고 뜀박질을 멈췄다. 분명 더 뛸 수 있었음에도 멈춰 마음이 좋지 않았다.

곧바로 마음을 다잡았다. 이번엔 저 멀리 개미처럼 보이는 나무가 목적지다.

저 작은 나무가 커질 때까지 멈추지 않고 뛰어 도착한다면 큰 성취감에 기뻐할 수 있을 것 같았다.

초점을 나무에 맞추고 다시금 뛰기 시작했다. 얼마 지나지 않았을 때, 의심이 스멀스멀 올라왔다. '아직 저렇게 멀리 있는데 닿을 수 있을까?' 반복된 의심에 의욕이 고개를 숙이고 말아 이내 뜀을 멈췄다.

의심하지 않는다면 끝까지 닿을 수 있을 것 같은데, 마음대로 흐르지 않는 생각에 속상함을 느꼈다. 그리곤 이내 다시 생각한다.

'고작 달리기도 하지 못하면 도대체 뭘 해낼 수 있을까.'

자신에게 던진 질문은 마치 무거운 돌덩어리가 어깨를 짓눌렀다. 이전의 실패들이 떠올라 자신감이 바닥을 치고 있었다.

굳은 의지로 마지막 목표를 정했다. 이번엔 더 먼 나무가 목적지다. 이번에 성공하지 못하면 나란 사람은 딱 그 정도의 사람이란 채찍질을 세게 휘두르고 다시금 뛰기 시작했다.

 의심을 덜기 위해 나아가는 발만 보고 뛰었다. 숨이 목 끝까지 차오르고, 가쁜 호흡을 내쉬며 입술 사이로 흘러내린 땀방울의 짠맛이 입안을 자극했다. 발아래에서 느껴지는 땅의 단단함과 함께 심장 박동 소리가 귀를 가득 채웠다.

 목적지에 도착한 후, 숨을 고르며 뒤를 돌아봤다. 뛴 거리와 지나온 시간이 눈앞에 선명히 보였다. 그 순간, 깊은 깨달음이 스며들며 마음속에 큰 울림이 퍼졌다.

 '나는 이 먼 거리를 멈추지 않고 달려올 수 있는 사람이었구나. 결국 나 자신을 믿지 않는 것이 가장 큰 방해물이었구나.'』

자신을 믿는 것과 믿지 않는 것의 차이는 엄청나다. 믿지 않는다면 더 훌륭히 해낼 수 있는 사람임에도 분명하고, 해내지 못하게 될 것이고, 믿는다면 이내 자신이 정한 한계점을 넘어 더 나아가게 될 것이다.

당신은 자신을 믿고 있는가? 만일 믿지 않고 있다면 이제부터라도 믿어주길 바란다. 생각보다 더 훌륭히 살아가는 본인을 마주하고 싶다면.

욕과 약

 삶에 지쳐 잠시 정신을 놓은 당신에게 누군가 "정신 차리고, 인생을 똑바로 살라"와 같은 말을 한다면 감사해라. 그건 당신 삶에 약이 되기 때문이다.

 잠시 기분이 나쁠 수 있지만, 이 말이 삶을 다시 돌아보게 되는 계기가 되어주는 건 부정할 수 없다. 욱하는 순간을 참아내고 내게 욕과 같은 약을 뱉는 사람의 의도를 잘 살펴본다면 알 수 있을 것이다.

 기분 나쁜 저 말이, 스스로 무기력의 길에 빠진 나의 손을 잡아끌어 제자리에 데려다 놓은 고마운 '약'이었다는 걸. 때론 '욕'이 '약'이 될 때가 있다.

내부에서 찾지 못한 답을
외부에서 얻는 순간도 있다.

이를 좋은 양분으로 받아들이는
사람만이 '욕'을 '약'으로 바꾼다.

 혼자

혼자가 되는 걸 두려워하지 마세요. 우리는 어울려 살아가고 있지만, 각자의 인생에 고난과 시련은 모두 혼자 이겨내야 합니다. 모진 소리라 생각할 수 있지만, 현실을 뚜렷하게 바라봐야 덜 힘들 수 있습니다. 당장에 문제를 외면한다면 이후에 분명 더 힘든 상황을 안게 될 것이 눈에 훤하니까요.

마음이 힘들어 고민을 나누는 것과 그 힘듦을 극복하는 건 다른 영역입니다. 이겨낼 힘을 주는 건 사람이지만, 그 말을 듣고 다시 일어나는 건 나의 몫이기 때문이죠. 그러니 마음을 단단히 먹고 강해지세요. 여린 마음을 보듬어 주는 순간도 있어야 함이 맞지만, 가끔은 강하게 살아가는 순간도 있어야 합니다. 그래야 이 험한 세상으로부터 날 지킬 수 있습니다.

"자신을 믿고 천천히 홀로 서 보세요."

고독

 고독은 현재의 현실, 미래의 불확실함, 과거의 후회를 그 어느 때보다 선명히 보여준다. 그리고 이 과정을 마주한 사람들은 정신적 고통을 호소하며 고독의 시간을 회피한다. 고독이 불러오는 감정들이 대개 불안, 걱정, 암담함과 같은 색을 띠고 있기 때문이다.

 이러한 이유로 고독을 두려워하는 사람들이 많다. 그러나 고독의 시간이 남겨준 것들을 자세히 살펴보면 이야기가 달라진다. 사실, 고독은 언제나 우리에게 이로운 것들만을 남겨주었다.

 새로운 생각, 새로운 다짐, 그로 인한 내적인 변화, 실천을 통해 바뀐 외적인 나, 자존감의 향상, 성취감. 불안과 걱정에서 한 발 멀어져 고독이 정말 내게 남기고 싶어 하는 것들을 잘 들여다보면, 고독은 언제나 변화의 씨앗을 남기고 있었음을 알 수 있다.

고독의 시간을 단순한 고통으로만 보지 않고 내적 성숙과 목표 재정비의 기회로 삼는다면, 우리는 고독이 전하고자 하는 진정한 메시지를 이해할 수 있다.

그러니 앞으로는 고독을 성장과 변화의 시발점으로 마주하도록 하자. 고독이 주는 변화의 씨앗을 잘 받아 내면에서 키운다면 나날이 단단해진 자신을 두 눈으로 확인할 수 있을 것이다.

믿음

 사람은 언제나 '증거'를 확인하고 싶어 한다. 어떤 일이든 실패의 가능성을 줄이기 위해, 불안을 해소하기 위해 그 일이 성공 가능성이 있는지 가늠하고 의심한다. 하지만, 아무도 가보지 않은 길이라면 어떨까?

 예를 들어 성공이란 꿈을 이룬 사람은 많지만 그 길을 어떻게, 어떤 방법으로 걸어야 하는지 알려주는 이들은 없는 것처럼 말이다.

 꿈을 이루고 싶은 마음은 크지만, 주변 이들은 모두 이를 막으려 하고, 지금 가려 하는 길은 불확실하다고 말한다. 그 길에는 '증거'가 없기 때문이다. 하지만, 이미 꿈을 이룬 사람들은 자신의 성공을 알고 나아갔을까?

가끔은 지금 당장 눈에 증거가 보이지 않아도, 믿음 하나만으로 나아가야 할 때가 있다. 믿거나, 믿지 않거나의 선택은 당신 몫이다. 하지만 알아야 할 사실은 당신이 선망하는 그 대상들은 믿고 나아갔다.

생각

  곁에서 응원해 주는 사람들의 목소리가 부담으로 닿을 때가 있어요. 기대가 긴장감으로 변해, 어깨에 무거운 돌덩이를 올려놓은 듯 그들의 눈치를 보게 되죠.

  그렇게 마음에 부담감이 없히면 몸이 움직일 수 없어요. 그러니 버거운 생각들을 조금은 덜어내세요. 쉽게 생각해야 합니다.

  결국 모든 기대도, 부담도 생각일 뿐입니다. 말은 실제 나의 삶에 변화를 주진 않죠. 말을 어떻게 받아들여 행동하느냐에 따라 변화가 일어납니다. 결국 부정적인 생각을 걸러내고 단순히 행동만 한다면, 지금 하는 걱정들은 머지않아 사라진다는 것이죠.

  그러니 괜한 눈치 보지 마세요. 결국, '생각'을 이기고 '행동'하면 남의 기대치에 눈치 볼 일도, 압박감에 시달릴 일도 없습니다.

운

운은 누구에게나 찾아오지만, 모든 이에게 머무르진 않는다. 오직 자신의 신념을 굳게 믿고 꾸준히 준비해 온 사람에게만 머문다. 그는 운이 왔음을 스스로 눈치챌 수 있는 사람이기 때문이다.

반대로 준비되지 않은 이는 운이 곁에 다가왔음을 알 수 없다. 이를 잡을 능력이 없기 때문이다. 그래서 운은 준비된 사람을 사랑한다. 자신의 진가를 알아봐 줄 사람이기 때문이다.

그러니 지금 운을 간절히 바라고 있다면, 운을 잡을 능력과 안목을 만들어 놓길 바란다. 운은 당신이 준비되었을 때 알아서 모습을 드러낼 것이다.

경험

 모든 실패는 경험의 조각으로 쌓인다. 하지만, 우리는 대부분 이 사실을 곧이곧대로 받아들이지 못한다. 쌓이는 경험보다 현재의 성공을 더 바라기 때문이다.

 그런 우리가 실패가 곧 경험이었음을 알아채는 순간들이 있다. 실패를 딛고 일어나 성공을 맛보았을 때, 누적된 실패로 쌓인 경험치가 새로운 도전에 도움 되었다는 걸 깨달았을 때, 이전엔 두려웠던 상황을 깊은 인내의 시선으로 바라볼 수 있게 되었을 때.

 이 같은 순간을 살로 확인했을 때, 그제야 인정한다. 모든 실패가 훗날 쓰인 귀한 양분으로 쌓이고 있었음을. 그러니 또 한 번 좌절을 맞닥트리는 순간이 온다면 자신에게 강한 확언을 남겨주자.

 '오늘도 난 성장했다.'

극복

 정말 강한 사람은 어떤 사람인지 아는가? 그들은 무너져도 계속 일어나는 사람이다.

 『극복의 과정이 고되더라도 자신의 삶을 포기하지 않는 사람, 불확실한 미래가 버겁더라도 더 나아질 내일을 상상하며 묵묵히 일어나는 사람, 노력이 실패로 돌아와도 경험으로 성장하였음을 떠올리며 다음의 성취를 다짐하는 사람.』

 이처럼 버겁고 어려운 감정을 수없이 극복하는 사람이야말로 진정 강인한 사람이라 할 수 있다. 새로운 도전을 시도하는 것보다, 허망함을 딛고 다시금 일어나는 게 백번 더 어렵기 때문이다.

그러니 살다가 지쳐 무너지는 순간, 잠시 멈추어 생각하자. 이 모든 과정은 더욱 단단해지기 위해 찾아온 순간이며, 다시 일어서기만 하면 더 강한 사람이 되어 살아갈 수 있다는 사실을 말이다.

최선

 어떤 일이든 최선을 다해봐야 한다. 끝까지 해보지 않는다면 최선의 결과를 볼 수 없기 때문이다. 또한, 포기하지 않는 과정은 그럼에도 나아갈 수 있는 근력을 키워준다. 이는 외적인 능력치와 내적인 능력치를 가장 빠르게 올려준다. 즉, 어느 상황이든 최선은 최선을 다한 이에게 최고의 결과를 보여준다는 말이다.

 자신의 한계를 맛본 사람은, 한 자리에서 묵묵히 최선을 다해본 경험이 결국 삶에 성과를 안겨준다는 사실을 안다. 당장 눈에 보이는 성과가 아니더라도, 이 과정에서 생겨난 마음의 근력은 살아가는 모든 부분에 도움이 되며, 앞으로 더 큰 일에 도전하고, 더 큰 일을 성취하는 것에 좋은 발판이 되어 준다는 걸 안다.

그러니 어떤 일이든 최선을 다해보자. 매일 최선으로 삶을 살아간다면 당신은 머지않아 활짝 핀 얼굴로 아래를 내려다보고 있을 것이다.

습관

성인이 되어 습관을 바꾼다는 건 정말 쉽지 않은 일입니다. 자신을 끊임없이 돌아보고 스스로와 타협하지 않아야 하기 때문이죠. 습관을 새로 들인다는 건 자동으로 움직이는 몸과 새로움을 저항하는 생각을 거부하고 꾸준한 노력을 실천해야 합니다. 이에는 본능적으로 거부감이 들기 마련입니다.

하지만 이는 우리의 시간을 효율적으로 통제할 수 있게 바꾸어 줍니다. 시간을 들여 '처리'해야 했던 일을 아침에 일어나 화장실에 가고 물을 마시는 것처럼 쉽게 끝낼 수 있게 바꾸어 주죠.

이처럼 어려운 일을 쉽게 해결하게 된다면 당신의 하루가 참 멋지게 변화할 것 같지 않나요?

어려움을 동반한 모든 일에는 그만한 가치가 있습니다. 여러분은 어떤 습관을 새롭게 들이고 싶나요? 작은 변화부터 시작해 보세요. 꾸준한 노력이 결국 큰 성과로 이어질 것이라 믿습니다.

의문

우리는 대부분 직업에 맞춰 삶을 살아가곤 합니다. 이에는 이유가 있죠. 금전적인 여유가 있어야 삶을 챙길 수 있으니까요. 그러다 어느 날 문득 의문에 빠지곤 합니다.

'나는 원래 어떤 사람이었지?'

일에 일상을 맞춰 살아가니, '일'이 곧 내가 되어 버린 자신을 발견하게 된 겁니다. 열심히 사는 것은 중요한 일이지만, 열심히는 삶의 일부일 뿐 전부는 아닙니다. 이를 놓치는 순간, '나'라는 사람도 함께 서서히 사라져갑니다.

삶에는 열심히만 존재하지 않습니다. '열심히'라는 부분이 있으면, '느슨히'라는 여유도 필요하고, '가만히'라는 휴식도 중요합니다.

그러니 '열심히'만 바라보는 나머지 자신을 잃어버리지 마세요. 열심히, 느슨히, 가만히. 이 세 가지를 조화롭게 챙겨야 균형 있는 삶을 살아갈 수 있습니다.

감정

 자신의 감정을 잘 안다는 건, 모든 상황에 어떤 대처를 해야 하는지 잘 아는 것과 같습니다. 예를 들면 스트레스를 극심히 받는 상황에서 다른 이들보다 빠르게 대처해 쉽게 스트레스를 벗어날 수 있다는 것과 같고, 자신이 부정적인 감정에 빠지는 패턴을 스스로 인식해 이를 개선하는 것과 같습니다.

 감정을 탐구하는 일은 매우 중요합니다. 비록 당장 눈에 보이는 일은 아닐지라도, 우린 모든 상황에 감정을 느낄 수밖에 없는 존재이며, 이와 같은 사실에 감정을 다룰 줄 모른다는 건, 평생을 자신도 모르는 감정들에 휘둘리며 살아가야 한다는 것과 같기 때문이죠.

 그러니 본인의 감정을 세밀하게 이해하려고 노력해 보세요. 감정을 관리하는 습관을 기르는 건 내면을 아름답게 가꾸는 것과 같습니다.

취미

회사에서 퇴근을 하거나 학교에서 하교를 하고 난 후, 아직 끝나지 않은 업무나 과제로 걱정하며 밤을 지새운 적이 있지 않나요? 이는 보통 일과 생활의 경계가 없어 일어나는 문제입니다.

자신의 삶을 잘 돌아보세요. 아무 생각 없이 몰두할 수 있는 취미를 가지고 있나요? 만약 이러한 취미가 있다면 어떨까요? 일이나 과제와 단절되어 아무런 생각 없이 몰두할 수 있는 활동이 있다면, 당신의 일상을 걱정거리로부터 완전히 떼어놓을 수 있습니다.

이러한 이유로 취미 생활은 중요합니다. 당신의 일상을 지키기 위해서죠. 귀찮아도 당신에게 맞는 취미를 찾아보세요. 당신을 걱정으로부터 구해줄 무언가가 '분명' 있을 것입니다.

묵묵히

  묵묵히 해야 할 일을 해내는 사람은, 훌륭히 자신의 인생을 책임진다. 현재의 고독함과 버거움을 버텨내면 곧 찾아올 자신의 '쉼'을 깊은 인내로 기다리고, 어린 투정을 핑계로 당장 해야 하는 일들을 외면하지 않는다.

  원하는 삶을 살아가기 위해서는, 원치 않는 삶을 버텨내야 할 때도 있다는 사실을 스스로 인지하고, 이 또한 자신 삶에 일부로 받아들인다.

  그렇게 묵묵히 해내는 사람은 꾸준함을 무기로 남들보다 앞서나간다. 누구보다 가장 먼저 원하는 삶에 도달하는 것은 물론, 가장 단단한 마음으로 자신의 일생을 멋지게 일궈낸다.

그러니 어린 마음 뒤로하고, 강인한 사람으로 살아가야 할 때가 있다는 사실을 받아들이자. 그래야 온전한 행복과 쉼도 누릴 수 있는 법이다.

문득

모든 노력의 결과는 '문득' 찾아옵니다. 노력이 버겁다 못해 익숙해질 때, 문득. 바라는 것도 지쳐 묵묵히 해내는 것에 익숙해질 때쯤, 문득. 원하는 결과가 나오지 않아 기다리다 지쳐 체념할 때쯤, 문득.

세상은 당신의 노력을 전부 지켜보고 있다가 그렇게 문득 손을 뻗습니다. 그만 쉬어도 된다고, 자유를 누릴 충분한 자격이 있으니 그만 괴로워하라고.

그러니 버티세요. 마음이 버거워도, 눈물이 쏟아져도, 무릎이 다 까져 더 이상 나아갈 힘이 없어도, 모든 걸 포기하고 싶어져도 그저 버티세요. 당신이 힘겨운 만큼 더 큰 보상으로 꼭 당신에게 세상이 손을 뻗을 겁니다.

고단한 마음을 안고 꾸준히 나아가는 당신의 삶을 응원합니다. 자신에게 지지 마세요. 세상은 당신을 외면하지 않았습니다. 그저 당신에게 손 뻗을, 알맞은 '때'를 기다리고 있을 뿐입니다.

성장

　그릇을 무던히 넓히는 건, 나의 세계를 확장하는 것과 같습니다. 시야를 넓히고, 내면의 공간을 확장하며, 다양한 감정을 이해할 수 있는 범위를 확보합니다. 이 모든 과정을 통해 더 깊고 단단한 사람이 되어가죠.

　한 사람이 노력을 통해 성장하는 건 무척 멋진 일입니다. 모두에게 존경받아 마땅한 일이고요. 그릇이 충분한 사람은 상황을 현명하게 판단하고, 타인에게 흔들리지 않는 묵직한 중심을 가지고 있습니다. 결국 자신이 원하는 삶을 살아갈 수밖에 없죠.

　여러분도 그런 사람이 되고 싶지 않나요? 오래 걸릴지 모르는 일이지만, 앞서 이야기한 모든 부분에 천천히 노력한다면 누구든 이룰 수 있는 이야기입니다. 그러니 두려워하지 말고 꾸준히 성장하는 사람으로 살아가세요. 언젠가 자신에게 인정받는 날이 꼭 올 겁니다.

1장을 마친 당신에게, 당신이

아래에 현재의 자신이 이루고 싶은 목표와 다짐을 적고,
그 일을 이룬 '___'년 뒤 자신의 모습을 상상하며 글을 적어요.

다짐하고 상상하며 섬세히 다듬는 마음가짐이 그 일에
닿게 만들어 줄 거예요. 지금, 당신의 이야기를 적어보세요.

2장
사랑,
가면 없이
마주보는 일

그런 사람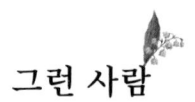

 당신을 진심으로 사랑해 줄 사람을 만나세요. 이왕이면 당신의 속 깊은 아픔까지 꽉 안아줄 그런 사람을요.

 여린 마음 내어줄 사람을 고르는 건 신중해야 하는 일이에요. 가벼운 만남에 경험이란 이름을 덧붙여 아무에게나 마음을 건네주면, 결국 상처투성이가 된 마음을 끌어안고 울음을 쏟아내게 될 테니까요.

 그러니 진심 어린 마음 소중히 받아줄 사람을, 자신의 마음도 살포시 내어줄 사람을, 이미 난 상처에 고운 연고 부드럽게 펴 발라줄 그런 사람을 만나요.

 당신을 행복하게 해줄 그런 사람을요.

갈등

 이별 앞, 선택의 기로에는 언제나 갈등이 서 있다. 그런 갈등은 묻는다. 관계의 소중함을 떠올려 다시금 서로의 곁으로 돌아갈지, 갈등을 헤어짐으로 받아 각자의 자리로 돌아갈지. 갈등은 사랑하는 남녀에게 당연히 찾아오는 시련이자, 시험이다. 서로가 서로에게 더 깊은 사랑을 줄 수 있는 인연인지 확인하는 과정이다. 언제나 선택권은 두 사람에게 있다.

 그리고 그 앞에 절실히 사랑을 지키고 싶은 이가 있다면, 다툼에 마음이 성치 않을 때 다시금 관계의 본질을 떠올리라 말해주고 싶다. 서로가 서로에게 주었던 사랑을, 우리의 관계를, 상대의 삶을 진심으로 응원했던 마음을, 소중히 건네받았던 진심을.

사소한 다툼이 화로 변해 미움으로 상대를 바라보게 되겠지만, 감정을 억누르고 한 번 더 관계의 본질을 떠올리면 서로를 지킬 수 있다. 그러니 욱하는 마음에 소중한 인연을 잃지 말자. 이는 분명, 후회로 돌아온다.

헤어짐

 전부를 내어놓을 만큼 사랑했던 사람이 더 이상 만나지 않아도 될 사람이 되었고, 널 품에 안고 놓지 않겠다고 다짐했던 결심은 주고받은 상처에 힘을 잃어 흩어지고 말았다. 한평생을 서로의 곁에 머물겠다 약속하던 두 사람은 어디로 간 건지 이제 보이지 않고, 낯선 냉철함만 가득 머금은 두 남녀만이 남아 관계에 선명한 선을 긋고 있다.

 사랑이 사라지면, 네가 사라지면, 미치도록 후회할 나를, 너를 알고 있음에도 누구 하나 이 헤어짐을 멈추지 않는다.

 그렇게 서로의 삶에서 서서히 사라지는 일, 우린 헤어짐의 길을 걷고 있다.

눈물이 사랑의 흔적을 지웠고,
후회는 각자의 몫으로 남았다.

끝내 이별이 다가옴을 알았지만,
그럼에도 우리는 사랑을 놓았다.

눈치

사랑하는 사람에게 빈번히 눈치를 보게 된다면, 당장이라도 그 관계를 멈추라 이야기해 주고 싶다.

사랑은 '나'를 존중하는 동시에 '남'을 존중하며 서로의 마음을 보듬는 일이다. 하지만 간혹 일방적인 강요, 비난으로 연인 사이에서도 갑과 을이 나뉘는 경우가 있다. 이런 만남은 행복이 아닌 불행을 안겨준다.

그리고 그런 연애는 한 사람의 삶을 서서히 흑백으로 물들인다. 일방적인 강요를 받는 상대는 점차 자존감이 낮아져 불행에 익숙해진 삶을 살아가게 되기 때문이다. 그건 사랑이라 할 수 없다.

그러니 자주 연인의 눈치를 보게 되고, 자신을 잃어가는 느낌을 받는다면 과감히 그 인연을 끊어내자.

사랑을 잃음보다 자신을 잃는 것이 더욱 두려워야 하는 일이며, 본인의 마음을 지키는 것은 언제나 자신의 몫이다.

여름

 장대비에 온몸이 젖은 날도, 더위에 정신이 녹아내린 날도, 모두 너와 나눈 순간이라 '추억'이라 부를 수 있었다.

 실속 없이 나눈 이야기도 너와 나눠 잡고 싶은 문장으로 남았고, 특별치 않은 순간이라 여기던 순간도 너와 나누니 소중히 품고 싶은 장면이 되었다. 그렇게 너는 나의 일상에, 시간에, 세상에 찬란히 녹아내려 서서히 퍼졌다.

 그때 알았다. 이 혼잡한 세상에 진정 좇아야 하는 가치는 사랑이라는 걸. 삶에 특별함을 촘촘히 새겨 주는 고마운 사랑.

 어느 해 여름의 짙은 기억을 담는다.

마땅히

 일상의 시간을 내어도 아깝지 않은 사람이 있다면, 당신은 진정으로 사랑을 하고 있는 것이다.

 억지로 시간을 쪼개어 만나는 것이 아닌, 마음이 먼저 움직여 자연스럽게 그 사람을 위한 시간을 만들어 가는 것. 삶이 벅차 힘겨워하는 상대에게 작은 힘이라도 되어주고 싶어 곁을 지켜주고 싶은 마음이 드는 것.

 그래서 내 시간을 희생한다고 느끼기보다는, 당연히 함께해야 할 시간으로 여겨지기 시작하는 그 순간부터 사람은 사랑이 되고, 사랑은 나의 일부가 된다.

 울보

사랑 앞에 사람은 울보가 된다. 작은 말에도 크게 서운하고, 사소한 속상함에 자주 눈물을 글썽인다. 다른 이에게 들었다면 흘려보낼 이야기도, 사랑하는 이가 한 말이라면 붙잡고 혼자 아파한다. 사랑하는 사람의 마음이 변했을까 지레 걱정하며 불안해하기도 한다. 그렇게 사람은 작고 여린 울보가 된다.

그러니 만약 사랑하는 사람이 어린아이처럼 투정을 부리고, 자주 사랑을 확인하려 한다면 '이 사람이 나를 정말 사랑해서 작고 여린 울보가 되었구나'라고 생각하며 따뜻하게 온기로 끌어안아 주자.

강한 마음이 물러질 만큼 당신을 사랑하는 사람이니.

사소한 일에도 눈물을 흘리던
내 모습이 한심하게 느껴졌지만,
이제는 안다.

사랑 앞에서 흐르는 눈물은,
결국 사랑의 일부라는 걸.

약점

 사랑에 '적당히'를 유지하지 못한 마음은, 늘 과하게 치달아 약점이 되고 만다. 마음이 사랑을 만나면 쉽게 휘둘리고, 감정은 통제되지 않는다. 그렇게 온 마음을 다 쏟아 기어코 이별에 닿고 나서야, 그 사랑이 약점이 되었다는 사실을 깨닫는다. 그렇게 넘어간 마음은 늘 상처로 돌아왔고, 그때마다 내 힘으로 되돌릴 수 있는 건 아무것도 없었다.

 그럼에도 여러 번 사랑과 이별을 반복했음에도, 나는 여전히 마음을 내어준다. 이번만큼은 그 사랑이 약점이 되지 않길 바라며, 내 귀한 마음이 이번에는 소중히 품어지길 바라며.

 사랑을 포기하지 못하는 사람은 두렵지만, 그럼에도 용기를 낸다. 이번만큼은 내 여린 마음이 약점이 아닌, 사랑으로 보듬어지길 깊이 바란다.

정, 사랑

정인지, 사랑인지 모를 감정이 자라난다.

아침에 눈을 뜨면 자연스레 네 생각이 떠오르고, 밥을 먹으며 네 끼니를 걱정한다. 더운 날에는 더위에 지칠 너를 걱정하고, 추운 날에는 혹여나 추위에 떨진 않을까 염려한다.

주변에 감기 든 사람이 드물게 보이면 괜히 네게도 감기가 찾아오진 않을까 우려하게 되고, 나의 하루에 힘겨움이 찾아오면 네게는 이런 날이 찾아오지 않기를 바라게 된다.

온 일상에, 일과에, 생각에, 감정에, 시간에 너의 흔적이 가득하다. 너라는 사람의 체취가 곳곳에 스며들었다. 이렇게 가득한 너의 흔적을 바라보며 되묻는다.

"정인지, 사랑인지, 둘 다 인지."

왜 나를

왜 나를 사랑하는지. 무너짐을 수차례 반복한 나를, 마음 거적때기 되어 구멍 송송 뚫려 있는 나를, 엉뚱한 세계에 갇혀 살아가는 나를. 당신의 선택을 이해할 수 없어 의심이 꼬리를 물고 꼬리를 물었다. 그 끝에 닿아 기어코 허물없이 무너진 나의 모습을 당신에게 들켰을 때, 궁금했다.

이 사람이 과연 나의 손을 놓을까, 아니면 끝까지 잡을까. 끝내 내 손을 붙잡은 너를 눈에 담으며 다짐했다. 기를 쓰고 널 행복하게 만들겠다고. 마음 동나도 끝까지 너의 손을 놓지 않겠다고.

이제는 내게 무너짐을 이겨내야 할 이유가 된 사람. 너를 사랑해야겠다. 살아가야겠다.

마음은

 몇 차례의 상실과 만남을 반복하며, '다시는 사람을 믿지 않겠다'라고 다짐했다. 건네준 믿음이 상실로 돌아왔을 때, 이는 언제나 살을 파고드는 아픔이 되어 마음을 뒤흔들어 놨으니까.

 하지만, 다짐은 언제나 흔들리고 말았다. 사람이 두려워 깊숙한 곳에 마음을 숨겨도, 생각지도 못한 곳에서 불쑥 인연이 나타나, 다정한 손길을 내밀었기 때문이다. 찾아온 인연에 약해진 마음이 결국 다시금 손을 잡길 택했고, 그렇게 또 한 번 마음에 문이 활짝 열렸다.

 언제나 '혼자여도 괜찮다'라며 자신을 다독였지만, 실상 속마음 깊은 곳에서 언제나 진정한 사랑을 원하는 나의 진심을 알고 있었다. 이 모든 과정을 겪고 나서야 더 이상 마음을 억지로 잡아 두지 않겠다는 결론을 내렸다.

아무리 가두고 숨겨놓아도, 찾아올 인연은 찾아오고, 결국 사랑을 원하는 마음이 사춘기 아이처럼 몰래 뛰쳐나가고 말 것을 알기 때문이다.

마음은 붙잡아 두려 해도, 붙잡히지 않더라.

그래서 이제는, 그저 흐르게 두기로 했다. 막을 수 없는 게 사랑과 마음이라.

짝사랑

 짝사랑은 전하지 못 할 말을 계속 삼키는 일이다. 간절히 전하고 싶은 마음을 '망설임' 속에 가둬, 오랫동안 자신을 괴롭히는 일이다.

 짝사랑 중인 사람은, 자신의 마음이 두렵다. 혹여나 상대에게 마음을 건넸을 때, 상대가 부담을 느끼거나 자신이 상실의 고통에 빠지게 되면 가슴 찢어지게 괴롭다는 사실을 알기 때문이다.

 그래서 많은 이들이 자신의 사랑을 깊은 곳에 숨긴다. 혼자 품어온 소중한 마음이 타인에 의해 바닥에 버려지는 아픔을 견뎌낼 자신이 없기 때문이다.

 짝사랑은 고독 속에 수천 번의 고백을 혼자 삼키는 사랑이다. 그래서 더 아프고, 더 간절한 사랑. 그게 바로 짝사랑이다.

받는 법

 사랑을 주는 방법만 아는 사람들은 받는 방법을 모른다. 그들은 사랑에 있어 항상 '먼저'와 '남몰래'를 실천하기 때문이다. 먼저 사랑을 주고, 먼저 마음을 주고, 먼저 챙겨준 후 남몰래 울고, 남몰래 속앓이하고, 남몰래 서러워한다.

 자신도 누군가에게 충분히 사랑받을 자격이 있는 사람이라는 걸 믿지 못해, 마음 내어준 이가 혹여나 자신에게 질려 떠나가지 않을까 항상 두려워하는 사랑을 이어간다.

 그러나, 가끔은 온전히 사람을 믿고 사랑을 받기도 해야 안정적으로 사랑이 이어지는 법이다. 받기만 하는 사람은 받는 것에 익숙해져 후에 주는 방법을 잃어버리게 될 것이 훤하고, 그리되면 한 사람의 마음만 계속 동나게 되기 때문이다.

그러니 이제 꽉 붙잡고 있는 마음을 놓아주고, 당신에게 오는 사랑을 그저 받아보기도 하자. 사랑받는 것에 익숙해져야 더 큰 사랑을 건네주는 방법도 알기 마련이다.

채워짐

 혼자 걷던 길, 내려본 시선에 담기던 두 개의 발이 어느새 네 개의 발로 늘어났다. 상념 덜어내던 계절의 풍경은 너와의 추억을 담아 줄 소중한 풍경이 되었고, 사람들의 거친 언행에 마음 아파하며 홀로 눈물지었던 밤은 따뜻한 품에 안겨 평온히 잠이 드는 밤으로 변했다.

 살다 보면 무채색이었던 나의 삶을 오색으로 칠해주는 사람을 만나게 된다. 가을에 단풍이 여러 색으로 찬란히 물드는 것처럼 온 일상을 여러 색으로 어여쁘게 칠해주는 사람이다.

 한 사람의 삶이, 다른 한 사람으로 인해 이리 변할 수 있는 건지 의아할 정도로 사랑은 삶을 안온히 바꿔준다.

그러니 지금 당신 곁에 혼자일 때의 허전함을 자신의 색으로 포근히 채워주는 사람이 있다면, 당신도 그 사람의 일상을 가득 채워줄 수 있도록 노력하자.

 서로의 삶이 서로의 색으로 가득 찰 수 있게, 그렇게 온전한 사랑을 오래 나눌 수 있게. 찬란한 마음이 가득한 세상에서 함께 미소 짓길 진심으로 바란다.

용기

그런 사랑이 있다. 찰나의 순간 스친 눈빛에 '아, 이 사람이다'라고 신호가 오는 사랑. 놓치면 평생을 떠올릴 것 같은 사람. 이상하게 자꾸만 눈길이 머무는 사람. 이런 인연은 살아가다 예상치 못한 순간에 불쑥 찾아온다.

이런 때를 마주한다면 부끄러움과 자존심을 내려놓고, 정신이 반쯤 나간 사람처럼 용기 내어 보라 말해주고 싶다.

이런 인연이 존재하는 이유는 말하지 않는 것보다 말하는 게 덜 후회되는 사랑이 있다는 증거이자, 사랑을 쟁취하는 사람과 놓치는 사람의 차이는 '용기'와 '타이밍'에 있다는 증거이니.

질투

 사랑을 하다 보면, 연인이 자신이 아닌 다른 이에게 호의를 보여 질투가 날 수 있다. 그리고 이는 사랑하기에 당연히 들 수 있는 감정이다. 하지만 연인의 삶을 존중해 주고 싶다면, 나의 연인이기 전, 다른 이들과의 관계 속에서 살아가는 한 사람이라는 걸 잊지 말아야 한다.

 상대의 관계를 존중해 주고, 살아가며 불가피하게 일어날 수 있는 여러 만남에 너그러운 태도를 보여준다면 당신을 정말 사랑하는 상대는 강한 믿음을 건네주는 당신에게 더 깊은 사랑을 느끼게 될 것이다.

 그러니 때론 '질투'라는 감정을 억누르고 '신뢰'라는 믿음으로 상대를 안아주자. 당신의 신뢰가 더 깊은 사랑을 부를 테니, 마음을 열고 소중한 사랑을 용감히 지켜나가길 바란다.

겹겹이 쌓인 신뢰는
사랑의 관계를 지켜준다.

그리고 그 신뢰는 사랑을
지키려는 마음에서 쌓이기 마련이다.

유연함

 연인과 다툼 후에 사과를 주고받았지만, 여전히 마음속 깊이 남은 감정의 찌꺼기를 삭이며 답답함을 느껴본 적이 있을 것이다.

 하지만 이를 상대에게 표출하는 건 성급한 행동이자, 연인을 지치게 만드는 행동이란 걸 알아야 한다. 단순히 화가 풀리지 않아 성을 내는 행동은 일방적으로 상대를 '을'의 입장에 두는 것과 마찬가지며, 단순히 감정의 찌꺼기를 털어내는 것과 다름없다.

 그러니 유연하게 나의 감정을 책임지고, 스스로 놓아주기도 해야 한다. 본인의 감정을 스스로 책임질 수 있을 때, 두 사람의 관계는 더 단단해지기 마련이다.

이유

"당신이 사랑을 해야 하는 이유"

1. 사랑을 하면 좁았던 마음이 점점 커진다.

혼자일 때 좁았던 마음이, 사랑하는 사람을 포용하기 위해 스스로 마음의 공간을 늘린다. 예를 들면 '나'만 바라보던 시야가 넓혀 상대를 눈에 담고, 사랑하는 사람을 '자발적'으로 걱정하게 되는 것이다.

이처럼 사랑을 하면, 그렇게 좁았던 마음이 어느새 두 사람을 감싸 안을 만큼 커진다. 좁은 마음을 넓게 만들어 넉넉한 공간을 안겨 주는 것, 사랑을 택한 당신에게 사랑이 주는 선물이다.

2. 사랑을 하면 더 나은 사람이 되기 위해 노력한다.

 진심으로 사랑하는 연인이 생기면 그 사람의 곁에 어울리는 사람이 되기 위해 노력하게 된다. 연인의 소중한 사람들에게 못나 보이지 않으려 몸가짐을 다듬게 되고, 혹여나 연인에게 어울리지 않는 사람으로 보일까 다시금 나의 행동을 돌아보게 된다.

 연인 관계에 있어 남들의 시선이 그리 중요한 요소는 아니지만, 그럼에도 다른 이들 눈에 잘 어울리는 연인으로 보이고 싶어 한다. 사랑하는 사람에게 어울리는 사람이 되고 싶기 때문이다.

 이처럼 사랑을 하면 더 나은 사람이 되기 위해 노력하게 된다. 사랑하는 이에게 더 어울리는 사람이 되기 위해, 더욱 찬란한 우리가 되기 위해.

3. 마음 쓰는 법을 배우게 된다.

 사랑에 빠지면 진심으로 마음 쓰는 방법을 자연스레 배울 수 있다. 한 사람의 삶을 걱정하고, 응원하게 되기 때문이다.

 사랑하는 사람의 일상을 곁에서 지켜보면, 그 사람의 가치관과 세상을 바라보는 시야를 공유받을 수 있다. 그 과정을 마음과 눈에 담으면 자연스레 상대가 꿈꾸는 미래를 진심으로 응원하고, 지지하는 마음을 품게 된다.

 나의 삶이 아닌, 다른 이의 삶을 마음으로 응원한다는 건 무척이나 값지고, 귀한 경험이다. 이 과정에서 정말 인생의 길을 함께 걸어가고 있다는 느낌을 받을 수 있기 때문이다.

 혼자가 아닌, 둘이라 든든하고, 행복한 느낌. 마음을 쓰지만 그럼에도 가득 채워지는 느낌. 이처럼 사랑을 하면 마음 쓰는 방법을 배우게 된다.

4. 일상의 사소함에 감사하게 된다.

사랑을 하면 별것 아니라 지나치던 일상이 특별해짐을 느낄 수 있다.

아침 시간 무표정으로 마주하던 적막함은 서로의 안부를 묻는 따뜻한 시간으로 변하고, 끼니를 때우기 위해 밥을 먹던 시간은 연인과 마주 앉아 함께 식사를 나누는 소중한 시간으로 바뀐다.

또, 당연히 찾아옴으로 여기던 사계절은, 색다른 연인의 모습을 눈에 담을 수 있는 고마운 계절들로 변하고, 홀로 공허함을 삼키던 밤은, 연인과 함께 사랑을 속삭일 수 있는 달콤한 밤으로 변한다.

사랑은 이처럼 '사소함'이란 단어에 숨겨져 있던, '특별함'을 마주하게 해준다. 그리고 이 변화를 체감한 사람은, 자연스레 사랑과 사람에게 감사하게 될 것이다.

5. 마음의 결핍이 자연스레 채워진다.

 사람들 대부분은 결핍을 채우기 위해 끊임없이 고민하고 괴로워한다. 하지만, 사랑을 하면 신비롭게도 마음의 결핍이 자연스레 채워짐을 느낄 수 있다.

 나의 결핍을 진심으로 걱정해 주는 사람을 만나면, 사랑하는 이가 더 이상 걱정하지 않았으면 하는 마음에 자신의 아픈 마음을 채우려 노력하고, 더 나은 사람이 되리라 다짐하게 되기 때문이다.

 계기는 사랑하는 연인으로 인해 만들어지지만, 그를 채우는 건 나 자신이 되는 이상한 마법이 삶에 일어나는 것이다.

 그러니 결핍 속에 스며든 사랑이 당신의 마음에도 따뜻한 약이 될 수 있도록 사랑에 용기 내어 보자. 그 용기 있는 사랑이 당신을 더 단단하게 만들어 줄 것이다.

콩깍지

 사람을 정말 사랑하게 되면, 그 사람의 생김새나 행동은 더 이상 중요하지 않게 된다. 오히려 엉뚱한 모습마저 사랑스럽게 느껴지고, 칠칠치 못한 모습이 보일 때조차 그저 자신이 더 잘 챙겨주면 된다고 생각한다.

 연인을 바라볼 때, 눈에 꿀을 발라놓은 듯 사랑이 뚝뚝 떨어지고, 성향이 다른 탓에 자주 마찰이 일어나지만, 그와 그녀이기 때문에 나와 다른 가치관도 유연히 받아들일 수 있게 된다.

 이처럼 사랑의 콩깍지가 단단히 씌인 사람에게는 달콤한 향이 풍긴다. 삶이 분홍빛으로 물들어, 연인과 함께하는 모든 순간이 아름답기 때문이다.

콩깍지는 사람의 마음이 아닐까.

사랑하는 감정이 들기에, 그 사람의
어여쁜 모습만 보려는 마음이
콩깍지라 불리는 게 아닐까.

과거

 과거의 슬픔에 갇혀 있는 사람들이 있다. 내어준 마음이 쓰린 상처를 받아, 다시는 사랑에 용기를 내지 못하는 사람. 언젠가 운명이 닿아 누군가가 날 구해주길 간절히 기도하는 사람들이다.

 이런 사람들은 자신의 힘으로 과거를 벗어나길 바라지만, 방법을 모르는 것은 물론, 그럴 용기조차 나지 않아 괴로워한다. 또 한 번 같은 상처를 받으면, 그때는 정말 사랑의 희망조차 잃어버릴까 두렵기 때문이다.

 그런 이들에게 간절히 마음이 닿길 바라며, 조심스레 말을 건네본다. 나도 그런 때가 있었지만, 깨닫고 보니 상처에 날 가둔 건 나 자신이었다. 상처에 빠진 날 누군가가 구해주길 바란다는 핑계로 두려운 사랑을 피해 꽁꽁, 숨어버린 것이다.

마음이 닫혀 있는 사람에게 다가온 사람은, 마음이 닫혀 있다는 걸 본능적으로 알 수밖에 없다. 그리고 이를 느낀 상대는 아쉬움을 삼키며 떠나버리기 마련이다. 결론적으로 먼저 마음을 열고 공간을 내어주기도 해야 찾아온 사람이 들어올 수 있다는 것이다.

그리고 그렇게 들어온 사람이 과거의 아픔을 딛고 다시금 나아가고 싶게 하나의 계기를 만들어 주기도 한다. 그러니 자신을 좁은 방 안에 가두지 말고, 딱 한 번만 눈을 감고 용기를 내어 보자. 좋은 사람이라는 확신이 들면 그 사람을 믿어보자.

그 사람이 당신이 그토록 바라던 구원자가 되어 줄 수도 있으니 말이다.

한 폭의

 진정한 사랑은 자신도 모르게 상대의 색으로 삶이 물든다. 얇은 한지 위로 떨어진 수채화 물감이 순식간에 사방으로 퍼져 색이 물드는 것처럼, 마음이 상대의 색으로 물드는 것이다.

 서서히 스며드는 사랑은 가슴 깊이 아리게 스며들어 진한 사랑으로 자리 잡는다. 작은 대화로 시작해, 깊은 마음에 이르기까지. 서로의 온기와 색으로 퍼져 서로에게 지울 수 없는 자국으로 스며든다.

 사랑은 그런 것이다. 나도 모르게 나의 삶이 타인의 온기로 물드는 것. 그래서 결국, 서로의 색이 아름답게 섞여 하나의 새로운 그림이 되는 것. 그렇게 한 폭의 그림이 되는 것. 그게 사랑이다.

바람

그저 바랄 뿐이에요.
하루 끝에서 안부를 나눌 수 있는 사람이 있길,
좋은 일이 있을 때, 슬픈 일이 있을 때
당연히 찾을 수 있는 사람이 있길,

마음이 버거워 종종 무너지는 날이 찾아오면
굳이 눈치 보며 숨기지 않고
그저 품에 안겨 펑펑 울 수 있는 사람이 있길,

세상은 강한 마음을 요구하지만
단 한 사람 앞에서는
물컹한 마음을 망설임 없이 보일 수 있길.

그저, 그런 사람이 곁에 있길 바랄 뿐이에요.

끝, 맺음

 사랑에 온 마음을 쏟아 본 사람은 끝맺음이 확실해요. 마음에 미련도, 후회도, 그 어떤 것도 남겨두지 않기 때문이죠. 냉정하게 보일 수 있지만, 그들은 누구보다 이 관계에 충실했어요. 과하게 사랑했고, 처참히 아파했죠.

 그래서 더 이상 이 관계에 쏟을 마음이 남아있지 않은 거예요. 냉정히 돌아선 마음을 자신도 돌리지 못할뿐더러, 돌리고 싶지 않을 만큼 지쳐 있으니까요.

 돌아선 사람의 마음을 돌릴 수 있는 건 없어요. 언제고 누군가 그랬죠. 있을 때 감사하고, 잘해야 한다고요. 겪어본 이들은 알겠지만, 이 말은 변치 않는 사실이에요.

 그러니 사랑에 온 마음을 쏟는 사람을 놓치지 마세요. 그들은 정말 사랑에 자신을 거는 사람들이자, 돌아서면 돌아오지 않는 사람들이니까요.

약속

 사랑하는 이가 나와의 약속을 지키지 않았을 때, 그만큼 가슴이 찢어지는 일이 또 없었다.

 우리의 신뢰를 작은 실수로 외면할 만큼 그의 마음이 옅었던 걸까, 사람을 잘 못 본 나의 탓일까, 이 관계를 오래 지키고 싶어 하는 건 나뿐인 걸까. 따뜻한 난로와 같은 사람이 곁에 있어 든든히 안심하고 있던 마음은 순식간에 홀로 차가운 길바닥에 버려졌다.

 약속이 어긋남에 눈물이 왈칵 나오는 이유는 언제나 같았다. 우리의 신뢰가 깨졌다는 건, 네가 나를 버렸다는 것과 같기 때문이다.

진솔함

 사랑 앞에 거짓이 없는 사람이 좋아요. 되도록 자신의 마음을 숨기지 않고 솔직히 표현할 줄 아는 사람이요.

 연인과 함께하고픈 이유는, 그와 그녀를 사랑하기 때문에도 있지만 궁극적으로 사랑받고 싶기 때문이기도 해요. 그러니 곁에 있는 연인을 많이 사랑해 주세요. 사랑은 주고받는 마음을 만났을 때 제힘을 발휘하니까요.

 좋으면 좋다, 사랑하면 사랑한다, 보고 싶으면 보고 싶다. 가슴 충만히 표현한 작은 한 마디가 둘 사이의 사랑을 더 깊게 만들어 줄 것이 분명해요. 그러니 되도록 진솔한 사랑을 나누세요. 표현은, 사랑을 곁에 꼭 붙잡아 줄 거예요.

직감

 연인이 있는 사람은 그와 그녀의 마음이 예전과 같지 않다는 사실을 직감으로 알아챈다. 백이면 백 틀린 적이 없는 직감이다. '이번에는 아니겠지'라는 생각으로 부정해 보지만, 결국 '이번에도'라는 좌절로 선명히 찾아온다.

 뜸해진 연락, 줄어든 애정 표현, 예전과 같지 않은 표정, 넓어진 대화의 여백, 잦은 친구와의 약속, 점점 사라지는 '우리'의 모습. 계절의 저무는 꽃잎처럼 서서히 시들어 가는 사랑.

 멀어지는 연인을 지켜보는 일만큼 마음 아픈 일은 없다. 사랑하는 마음이 둘에서 혼자가 되는 과정은 홀로 남겨진 이에게 찢어지는 고통으로 남기 때문이다. 나에게, 당신에게 더 이상 이런 불행의 직감이 찾아오지 않길 간절히 바란다.

사진

  헤어진 뒤 사진첩에서 사진을 지우기 어려운 이유는, 사진 속 우리의 모습이 현재의 상실감과는 반대로 너무나 찬란하고, 아름답게 담겨 있기 때문이다.

  행복한 웃음, 진한 사랑을 나누던 둘, 서로의 단짝이 되어 버린 우리. 그 순간으로 다시 돌아갈 수 없다는 사실이, 마치 어린 시절을 그리워하며 헛헛함을 느끼는 것과 같이 마음을 아리게 만든다.

  부정할 이유 없이 행복했기에, 거부할 틈 없이 찬란했기에, 이를 기록한 사진을 지운다는 건 우리의 모든 시간을 기억 속에만 남겨둬야 한다는 사실이기에, 이 모든 이유로 우린 처절히 아파하며 제 손으로 지우길 버거워한다.

  인연이 뭐라고. 참.

남녀

　남자와 여자의 차이를 인정하고 이해한다면, 연인 사이에서 발생하는 많은 '갈등'이 자연스럽게 해소될 수 있다.

　여자는 섬세한 감정의 공감과 표현을 중요하게 여기고, 작은 순간에도 깊은 의미를 담아둔다. 반면, 남자는 변화 없는 안정을 추구하며, 나누는 시간의 질보다는 그 시간의 지속성을 더 중요시한다.

　이러한 차이를 서로가 알고, 다름에서 일어나는 생각의 차이를 자연스럽게 이해할 수 있게 된다면, 서로의 생각을 이해하고 조율하는 과정에서 발생하는 오해를 줄이는 데 큰 도움이 될 것이다.

그러니 곁에 있는 연인을 '나'에게 '맞추기보다는', 그와 그녀의 생각을 이해하고, 공감하며 '맞춰가는' 것에 초점을 두자. 서로가 이해받는 관계가 된다면, 안정적으로 연인과의 관계를 이어갈 수 있을 것이다.

언제나

"우리는 언제나 이별을 앞두고 있어"라고 슬픈 고백을 담담히 내뱉는 사람이 있다. 이러한 이유로, 영원한 사랑은 존재하지 않으며, 우리는 영원히 함께할 수 없다고 말하는 사람이다.

안다. 살아감은 영원하지 않고, 언젠가 시들어 버릴 꽃들이 세상을 살아가고 있다는 사실을. 하지만, '숨'이 사라져도 '마음'은 꾸준히 살아간다. 간 사람들의 마음이 남겨져 있는 사람들의 마음에 남고, 남겨진 사람들의 마음이 또 남겨질 사람들의 마음에 남는다.

만질 수 없고, "사랑한다"라고 고백할 수 없어 마음 시리게 아프겠지만, 우리의 사랑은 영원히 깊게 남아있을 것이다.

그리고 이 잡히지 않는 사실을 당신이 믿는다면, 우리는 눈감는 그 날까지 사랑을 가슴에 깊게 품을 수 있을 것이다.

그 길에 감히 함께할 테니 당신이 영원하지 못할 사실에 속상해하지 않길, 무서워하지 않길 바란다.

언젠가 나의 고백이 담담히 슬픔을 내뱉는 당신의 마음에 닿아 얼굴에 환한 미소를 띠는 날이 오길, 간절히 소원한다.

그리고 이 글을 보는, 당신들의 마음에도 닿길.

숱한 이별을 이르게 겪은 사람.
소중한 이들의 상실을 홀로 품은 사람.
당신은 참 가엽다.

그리고 난, 그런 당신을
잠드는 그 날까지 안으리라 다짐한다.

마음 깊은 곳,
아픔의 골마다 따스한 빛이 스며들길.

사랑

 한 사람과 한 사람의 마음이 만나, 어디가 출구인지도 모를 매듭을 짓는 일. 비 오는 날 함께 우산을 쓰고 걷는 모습처럼 얽히고설켜 서로의 곁에서 각자의 삶의 무게를 함께 지어주는 일. 그렇게 휘청이는 상대를 온몸으로 지지해 주는 일. 그렇게 서로에게 사라지지 않는 각인이 되어 남는 일.

 '사랑은, 한 사람의 삶을 서로가 안아주는, 숭고하고도 아름다운 가치다.'

2장을 마친 당신이, 그와 그녀에게

당신의 연인에게, 혹은 연인이 될 사람에게
전해주고 싶은 마음을 소중히 담아보아요.

자신의 마음을 한 번 더 확인하고, 인연의 소중함을 다시 생각하는 계기가 되어줄 거예요. 지금, 당신의 이야기를 적어보세요.

3장
관계, 함께라서 살아간다

결

 아무리 노력해도 마음이 같아지지 않는 사람이 있다. 대화는 삐걱대고, 마음은 어긋나 같은 공간에 존재하는 것만으로도 불편함이 차오르는 사람이다.

 한 마디로 '결'이 다른 사람이라 할 수 있다. 결이 맞지 않는 두 사람이 함께하는 것은 마치 퍼즐 조각 두 개가 억지로 서로의 자리에 맞춰지려는 것과 같다. 그 끝은 결국 생채기로 끝이 난다.

 그러니 맞지 않는 사람과 함께할 땐, 불편한 마음을 꾹 참고 에둘러 상대에게 맞춰주기보단, 자연스럽게 서로의 곁에서 흘려보내고 흘러가기를 택하자.

 맞지 않는 관계를 억지로 유지하지 않는 것이 결국 우리에게 더 큰 평안을 가져다준다. 가끔은 만남을 흘려보내는 것이 '득' 되는 관계가 있기 마련이니.

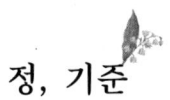

정, 기준

 정을 쉽게 주는 사람은 마음 쓸 곳이 많다. 힘들다 하소연하는 사람 지나치질 못하고, 울음에 젖어있는 사람을 혼자 두질 못한다. 미련하다 한 소리, 두 소리 들어도 마음 편치 못해 기어코 자신의 시간을, 정을, 마음을 내어준다.

 하지만, 그런 자신도 알고 있다. 이리 모두에게 마음 쏟다간 나 자신이 온전치 못할 것이라는 걸.

 기준이 있어야 한다. 무리하지 않는 선에서 시간과 마음을 내어주되, 내 곁에 머무는 소중한 사람들이 나를 걱정하지 않는 선까지만 내어줘야 한다. 내게도 나를 걱정하는 사람들이 있다는걸, 내가 아프면 마음 아파할 사람들이 있다는 걸 잊어서는 안 된다.

떠올리자. 항상 내 곁에 있어 주는 그들의 얼굴을, 그들이 나를 걱정하는 마음들을. 그리고 기억하자. 그들을 위해서라도 절대 마음 다쳐선 안 된다는 걸. 모든 일의 기준은 거기까지라는 걸 말이다.

존중

 모든 행동과 말에 존중이 배어있는 사람들은 까다롭다. 자신이 다른 이에게 최대한 예의를 갖춰 '세심한' 존중을 건네는 것처럼, 타인의 말과 행동도 보통의 사람들보다 더 '자세히' 들여다보기 때문이다.

 하지만, 그들에게 존중을 건네 높은 진입장벽을 뚫고 함께할 수 있게 된다면 그처럼 든든한 관계가 또 없다.

 '생각'과 '가치관'을 다름으로 인정해 주고, 나누는 대화 속에서 선을 넘지 않는다. 이 모든 과정이 물 흘러가듯 자연스럽다. 그야말로 '아, 이런 게 참된 관계구나'라는 생각이 들게 해주는 사람들이다.

 그들과 함께 거니는 삶을 꿈꾸며, 오늘도 마음을 다듬는다.

삶의 태도로 타인에게
교훈을 주는 것은
무척이나 멋진 일입니다.

부디, 우리 모두가
그런 사람이 될 수 있기를 바랍니다.

뱉는 말

한 사람의 인격은, 그 사람이 뱉는 문장에 묻어 나온다. 예컨대 비아냥을 문장에 담는 사람은 행동도 비아냥거렸으며, 날카롭게 문장을 뱉는 사람은 행동에도 날카로움이 묻어있었다.

그러니 자신이 뱉는 문장에 신중해지자. 입 밖으로 뱉은 말은 상대에게 나의 인격을 드러내는 것과 마찬가지며, 대부분 나와 비슷한 인격을 가진 사람들이 주위로 몰리기 때문이다.

자신의 언어를 다듬어야 긍정적인 인격을 가진 사람들과 함께할 수 있고, 이를 통해 더 나은 인간관계를 형성해야 삶의 질을 높일 수 있다.

그러니 당신의 말 한마디가 타인에게 어떻게 비추어질지 한 번 더 생각하고, 뱉는 말을 세심히 다듬어 보자.

말 한마디가 많은 걸 달리 만들어 주는 세상에 살아가고 있으니.

탈

 본인은 존중받길 바라면서, 남이 받아야 할 존중은 가벼이 여기는 사람이 있다. 모든 관계의 기준이 자신의 가치관과 같아야 만족하는 사람이다.

 이와 같은 사람과 대화를 나누면 묘한 불쾌함이 느껴진다. 자신의 방식을 타인에게 강요하는 사람과 대화는 한 쪽의 일방적인 이해가 있어야만 하기 때문이다.

 그러니, 다름을 이해할 줄 몰라 상대를 강제로 자신에게 맞추려 하는 사람과는 거리를 두자. 억지로 이어가다 보면 결국 탈이 나는 관계가 있기 마련이다.

쉼표

 관계와 관계 사이 적당한 간격이 있어야 한다. 서로의 마음이 지나치게 가까우면 남과 나를 같은 사람으로 바라보게 되기 때문이다. 그리되면 둘 사이 떠오른 작은 마찰도 과하게 느껴져, 서로를 날 선 신경으로 대할 수 있다.

 두 사람에 마음의 거리가 가까워질수록 존중의 두께는 얇아지고, 상대의 시간과 마음을 본인 것처럼 욕심내기 쉽다. 이는 상대에게, 나에게, 서로에게 좋지 않은 결과를 낳는다.

 나의 시간이 존중받아야 마음에 여유가 생기고, 그 여유가 있어야 상대를 있는 그대로 바라볼 수 있는 법이다. 그러니 관계 사이, 존중이란 쉼표를 살포시 끼워 넣자. 작은 '쉼표' 하나가 소중한 관계를 오래도록 지켜줄 것이다.

고마움

상대의 배려에 고마움을 자주 느끼는 사람이 좋다.

건너온 마음이 당연하지 않음을 알고 있어 감사히 두 손에 받아 자신의 마음에 담는 사람, 일상 속 작은 배려를 세심히 시선에 담아 남몰래 마음의 틈 사이 고마움을 끼워 넣는 사람, 갈등이 미운 감정을 끌어내어도 겹겹이 쌓아둔 고마움을 떠올려 틀어진 마음을 맞추려 노력하는 사람.

고마움을 자주 느끼는 사람은 인연의 소중함을 소중히 다룰 줄 아는 사람이다. 이왕이면 그런 사람을 곁에 두고 싶다. 그리되려면 나부터 작은 배려에 감사하고, 내 마음에 고마움을 자주 쌓아봐야겠지.

귀한 노력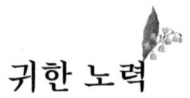

겉모습은 화려하지만, 속이 텅 빈 관계가 있다. 그 반면 겉모습은 수수하지만, 속은 꽉 채워져 있는 관계도 있다. 둘의 차이는 기댈 곳이 필요할 때, 깊은 이야기를 깊게 털어놓고 싶을 때 찾을 수 있는 사람이 있는가에 따라 나뉜다.

관계를 가르는 건 대화의 농도다. 자신의 앞에 있는 사람에게 얼마나 깊게 솔직하고, 집중하고, 응하는가에 따라 곁에 있는 사람이 달라지기 때문이다. 이런 노력이 쌓여 한 번 인연이 맺어진다면, 여러 사람 부럽지 않은 인연이 되어 삶에 큰 힘이 되어준다.

이 같은 관계는 하루아침에 만들어지지 않는다. 진심 어린 대화와 지속적인 노력을 통해야만 얻을 수 있는 선물이기 때문이다. 그러니 관계에 쏟는 노력을 아끼지 말자. 귀한 인연을 곁에 선물해 줄 귀한 노력이니.

 친구

 어른이 되면 친구들과 자주 만나지 못할 거란 어른들의 말을 믿지 않았다.

 "지금이 좋을 때야. 사는 게 바빠지면 보고 싶어도 자주 못 봐. 힘들어서 시간도 못 내고, 그러다 보면 점점 연락이 뜸해져. 그러니 지금을 즐겨."

 잔소리와 같은 조언을 들은 당시의 나와 친구들은 우리의 우정을 가볍게 여기는 어른들의 말에 강한 부정을 내비치곤 했다. 하지만 어른이 된 지금, 누구보다 그 말들이 사실이었음을 잘 안다.

 우정이 얼마나 돈독했는지와 관계없이 사회에, 시간에 쫓겨, 결국 뒷순위로 밀려나는 것이 존재한다는 걸 이제는 너무나 잘 아는 나이에 닿았기 때문이다.

진한 쓸쓸함이 깊은 한숨으로 나왔다. 하지만 각자의 자리에서 자신의 몫을 해내야 하기에 이 사실을 그저 받아들였다.

그러나, 이런 사실을 '알아버렸기에' 더욱 지키고 싶은 것이 '친구'다.

원치 않게 뜸해진 우리가, 가는 실의 우정처럼 툭 끊기지 않길 바라기 때문이다. 그리 가볍게 끊어질 인연이 아니라 믿기에, 힘닿는 곳까지 최선 다해 인연을 지켜보려 한다.

매일은 아니더라도, 문득 잘살고 있는지 안부를 묻고, 자주는 아니더라도 시간 내어 한두 번 얼굴을 마주 보고, 삶이 버거운 날, 연락처에 저장된 서로의 이름을 자연히 찾는. 이런 사소한 순간들이 기어코 빛을 발해 오랜 인연의 끈을 안겨주리라 믿는다.

어릴 때처럼 철없이 나누는 마음이 아니어도 괜찮다. 한때의 시간을 나눈 우리가 지금이란 한때의 시간을 또 한 번 나눈다는 사실만으로 충분하다.

그래, 말이 길어졌지만 처음부터 하고 싶은 말은 하나였다.

"보고 싶다, 친구야."

입장, 차이

 서로의 의견이 맞지 않는 상황을 마주했을 때, 각자의 입장과 생각의 차이라는 게 존재하지만, 무조건 본인의 생각이 맞았다고 고집하는 사람보단, 상대의 시선으로 상황을 한 번 더 생각해 보는 사람이 좋다.

 상대의 의견과 생각은 자신과 다를 수 있다는 걸 스스로 생각하고, 꽉 막힌 상황을 최대한 대화로 풀어보려 노력하는 사람이 좋다는 말이다.

 현재 대화하고 있는 상대방이 이기적인 면모로 자신만을 생각하는 게 아닌, 나의 입장도 배려해 주고 있다는 것이 느껴지는 순간, 아무리 감정이 격양되어 있더라도 차분히 대화에 임할 마음이 생기기 때문이다.

안정

 심리적으로 안정감이 느껴지는 사람들이 좋다. 그들과 함께하면 불안이 느껴지지 않기 때문이다.

 잔잔한 호수처럼 제자리에서 자신의 이야기를 들려주고, 나의 이야기를 물어주며, 우리의 관계에 대해 굳이 말로 정의하지 않아도 나누는 대화의 믿음과 신뢰가 절로 느껴지는 사람. 크고, 작은 일들이 삶을 헤집어 놓아도, 곁에서 조용히 안정감을 전해줘, 다시금 삶의 중심을 잡게 도와주는 사람.

 그들은 믿음의 중요성을 이미 알고 있다. 사소한 가치의 소중함을 가슴 깊이 품고 살아가는 사람들이기 때문이다.

그러니 '안정감'이 느껴지는 사람들과 함께 하자. 그리고 그들에게 그들과 같은 안정감을 줄 수 있는 사람이 되어주자. 서로의 안정감이 관계에 뿌리 깊게 내릴수록 빛을 발하는 것이 관계다.

상처

 타인에게 상처를 깊게 받은 사람은 의심이 많다. 새로운 인연이 곁에 와도 과거에 받은 상처가 떠올라 거부감에 밀어내고, 상대가 건네는 호의 속에 다른 의미가 숨겨져 있는 것은 아닌지 경계한다. 그렇게 다시는 상처받지 않겠다는 다짐으로 결국 혼자이길 자초하는 것이다.

 그들은 잦진 않지만, 가끔 찾아오는 허함과 적막함을 감수하고서라도 혼자이길 고집한다. 차라리 그편이 더 마음이 편하기 때문이다.

 매끈했던 마룻바닥도 사람들에게 밟히고, 의자에 그을리다 보면, 까지고 헤져 자신을 밟는 사람들의 발에 뾰족한 나무 가시를 들이대기 마련이다. 하물며 사람이라고 다를까. 하지만, 의심과 경계는 자신의 마음을 보호하는 수단, 거기까지가 적당하다.

경계의 정도를 넘어 모든 관계에 뾰족한 가시를 들이대면, 선한 의도를 가진 사람조차 상처받을까 두려워 도망치게 만들기 때문이다.

 드세진 마음은 스스로 되돌릴 수 없다. 그 마음을 매끄럽게 다듬기 위해 또 다른 사람의 도움을 받아야 한다는 뜻이다.

 새로운 인연이 주는 믿음을 받고, 사람에 대한 신뢰를 회복해야 온전한 매끄러움을 되찾을 수 있다. 그러니, 최소한의 경계로 마음을 지키되, 믿음이 가는 사람을 삶에 들일 작은 공간 정도는 마련해 두자.

 조금의 유함과 너그러운 마음을 품고 살아가야 좋은 인연을 삶에 들일 수 있고, 홀로 고독히 버티고 있는 마음을 보듬어 줄 수 있다. 그러니 혼자라는 틀을 조금씩 깨고, 새로운 인연에 마음을 여는 연습을 해보자. 그 작은 용기가 당신의 삶을 바꿔줄 것이다.

진정한 친구

 살다가 종종 찾아오는 불행은, 진정한 친구를 알아볼 수 있는 안목을 안겨준다.

 역경에 힘겨워하는 사람을 본 대부분의 사람은 본능적으로 자신에게 불행이 넘어올까, 우려하며 당사자와 거리를 두려 한다. 하지만, 그중에는 역경의 끝까지 인연을 믿어주고 곁에 머물러주는 사람들도 있다.

 불행이 닥친 당장은 거리를 두는 사람들을 보며 깊은 배신감과 상실감을 느끼겠지만, 조금의 시간이 지나면 자연스레 알게 될 것이다. 불행이 끝난 뒤, 진심으로 나를 응원해 주는 보석 같은 인연들만 곁에 남아있음을 말이다.

그러니 불행으로 인해 곁을 떠나는 사람들이 있다면, 진정한 친구를 찾을 기회를 얻었다고 생각하자.

그 기회는 인생에서 가장 소중한 선물일지도 모른다.

의심

 사회생활을 오래 하다 보면, 종종 온화한 미소 뒤에 어두컴컴한 속을 가진 사람들을 목격하게 된다.

 그들은 노련한 대화법과 빠른 상황 파악으로 상대를 원하는 방향으로 이끈다. 그리곤, 상대를 이용해 자신의 이득을 취한 뒤, '쓸모'를 다 한 사람을 버리고 자신의 갈 길을 향해 떠난다.

 사회에는 이런 일이 비일비재하게 일어난다. 하물며 직장 내에서도 자신의 이익을 위해 사람들을 저울질하는 일이 드물게 일어나지 않는가? 노력은 함께 하고, 공을 홀로 취하며, 책임은 떠넘기는 그런 상황들 말이다.

그러니 사회에서 나의 몫을 제대로 지키려면 적절히 거절할 줄 아는 대범함과 한 번쯤 상대를 의심해 보는 경계심이 필요하다.

 뭐든 과하면 좋지 않지만, 날이 갈수록 속마음을 숨기는 법에만 노련해지는 사람들이 넘쳐나는 이 세상에 적당한 의심과 경계는 필수라 할 수 있다. 그것이 곧 나의 몫을 지키고, 나 자신을 보호하는 가장 중요한 방패가 되기 때문이다.

험담

　당사자가 없는 곳에서 그 사람의 이야기를 스스럼없이 하는 사람과는 거리를 두는 것이 좋다. 대부분, 특별한 이야깃거리가 없거나, 편 가르기를 위해 평가하는 시선에서 비롯된 이야기들이기 때문이다.

　그런 이들과의 끝은 단 한 번도 좋았던 적이 없다. 잠시라도 자신과 다른 의견을 내비치면, 그조차 못마땅하게 생각해 또 다른 곳에서 나의 이야기를 험담으로 만들어 버리기 때문이다.

　주변 사람들이 말을 아끼는 이유는 단순하다. 소란에 휘말리고 싶지 않기 때문이다. 또한, 남의 이야기를 쉽게 꺼내는 그 모습이 남의 눈에는 결코 보기 좋지 않다는 걸 알기 때문이다. 그러니 남의 험담과는 되도록 거리를 두는 것이 좋다. 날카롭게 뱉은 말은 언젠가 그 당사자와 주변 이들에게 돌아가기 마련이니.

차이

 관계를 유지하는 것에 가장 중요한 요소는, 서로 다른 성향을 어떻게 맞춰나가는가에 있다. 모두가 처음부터 잘 맞는 관계를 꿈꾸지만, 세상에 그런 관계는 없기 때문이다.

 유년 시절부터 서로 다른 환경에서 살아온 우리는 아무리 성향이 비슷하더라도 생각의 차이와 관점의 차이를 느낄 수밖에 없다. 그렇기에 관계를 오래 유지하는 것에 대화와 이해는 언제나 중요한 요소가 된다.

 부딪히는 대화와 생각의 차이에서 일어난 갈등을 얼마나 유연하게 풀어가는지, 얼마나 깊게 서로를 배려해 주는지에 따라 관계의 수명이 결정된다.

 그러니 이 점을 유념하여 관계에 찾아오는 위기를 유연히 넘겨보자. 다름을 인정하고, 상대방의 입장을 한 번 더 생각하는 여유가 소중한 인연을 지켜주는 열쇠다.

"다름을 존중해야 한다."고
말하는 사람은 많지만,
정작 그것을 자신의 삶에
적용하는 사람은 많지 않다.

당신만큼은 말뿐이 아니라,
진실된 배려와 행동으로
보여주는 사람이 되길 바란다.

집

 오랜 시간 정을 나눈 인연은 포근한 집과 같다. 그들과 나눈 시간, 그들과 나눈 대화, 그들과 함께 보낸 모든 시간이 더할 나위 없이 아늑하기 때문이다.

 편안히 오고 가는 웃음, 대화, 안부, 걱정. 각자의 자리에서 각자의 삶을 살아가고 있음에도, 그들은 언제나 그들의 자리에서 묵묵히 나를 기다려 주고 있음이 느껴진다.

 낯선 사람들과의 만남이 연속적으로 이루어지는 사회에 살아가며, 마음속에 언제나 돌아가고 싶은 공간으로 남아 있는 그들은 내게 언제든 찾을 수 있는 든든한 집이 되어 준다.

그들의 존재만으로 아늑함을 느낄 수 있음에 감사하고, 언제나 그들을 그리워하며, 사랑한다.

 아늑한 집이 되어준 사람들, 그들이 있기에 나는 어디에서도 다시 살아갈 힘을 얻는다.

용서

 기분이 상하고, 마음이 버거울 정도로 상대가 미움에도 다시금 관계의 본질을 떠올려 상대를 용서하는 모습만큼 아름다운 건 없다.

 미움을 덮는 용도로 용서하는 것이 아닌, 미움을 삼키고 인연을 지키기 위해 용서하는 것이기 때문이다.

 순간의 감정을 억누른다는 건, 결코 쉬운 일이 아니다. 그 버거운 과정을 견뎌내고 앞에 있는 사람의 소중함을 떠올려 먼저 사과를 건네고 상대의 결례를 용서하는 사람이 있다면 그 인연을 가장 소중히 품어야 한다.

 그만큼 나와의 인연을 귀하게 여기는 사람은 찾기 힘들뿐더러, 그 같은 아름다움을 가진 사람은 더더욱 만나기 힘들기 때문이다.

마음이 넓은 사람이 되어요.

소중한 사람을 지키고,
숱한 감정에 휘둘리지 않을
그런, 넓은 사람이요.

결국 이 마음이
삶에 큰 현명함으로 남아줄 테니까요.

특징

모든 이들이 좋아하는 사람의 특징은 아래와 같다.

1. 남의 의견을 존중할 줄 안다.
2. 자신의 의견이 틀리면 인정할 줄 안다.
3. 사과에 자존심을 부리지 않는다.
4. 배려하는 마음을 사랑한다.
5. 모든 상황에 유연한 대처를 한다.
6. 항상 상대의 입장을 먼저 생각한다.

이런 사람과 함께하면 감정에 기복이 없다. 오히려 버겁던 감정이 한층 가벼워지는 경험을 할 수 있다. 그들의 행동을 자세히 살펴보면, 결정적으로 한 가지 특징이 겹친다는 걸 알 수 있다. 바로 '자신'을 누구보다 잘 알고 있다는 거다.

자신을 잘 알기에 감정을 유연하게 다루고, 감정을 유연히 다룰 줄 알기에 언제나 여유가 느껴진다. 또한, 대화를 나누고 있는 상대의 감정과 생각을 섬세히 살펴, 상대가 알아채기 전, 이미 상대의 입장을 배려하는 행동을 취한다.

　결국, 관계에서 많은 이들에게 좋은 분위기와 이미지를 주는 방법은 자신에 내면을 아름답게 가꾸고, '남'과 친해지기 전 '나'와 친해지는 것이다.

　그러니 이와 같은 사람이 되고 싶다면, 나의 내면부터 세심히 돌아보자. 모든 관계는 나로부터 시작되기 마련이다.

정, 옛것

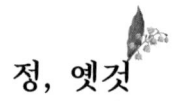

사람과 사람 사이 진솔한 대화가 점차 사라지고 있는 요즘, 옛것의 정은 찾아보기 힘들다.

'시대가 변했으니 어쩔 수 없다'라고 유연하게 생각해 보아도, 너무나 삭막해 보이는 현대의 모습에 마른침을 쓰리게 삼킨다.

그럼에도 아직 세상에 미약한 정이 남아있길 바란다. 이웃 간의 친밀함은 아니더라도, 무거운 짐을 홀로 들고 있는 어르신에게 뻗는 도움의 손길, 마을 사람들이 다 함께 모여 오순도순 나누는 모임의 장이 아니더라도 원하지 않는 금전의 부족으로 도움이 필요한 사람들에게 건네는 작은 손길 등 말이다.

개인주의가 점점 더 강해지고 있지만 결국 우리는 모두 똑같이 왔다가, 똑같이 간다. 각자 살아가지만, 같은 존재로 살아가고 있다는 말이다.

그러니 되도록 미운 시선보단 따뜻한 시선이, 차가운 개인주의보단, 미약한 정의 온기가 더 많이 맴돌길 바란다.

그런 관계와 세상이 넘치길 진심으로 바란다.

성향

 각자 다른 성향의 사람들이 함께 어울릴 때, 가장 주의해야 하는 점은, 남의 일상에 섣불리 간섭하지 않는 것이다.

 예를 들면 외향적인 사람이 내향적인 사람에게 "외톨이처럼 혼자 있지 말라"라고 이야기하는 경우와 반대로 내향적인 사람이 외향적인 사람에게 "만남은 줄이고 혼자만의 시간을 가지라"라고 이야기하는 것과 같다.

 서로의 가치관이 다를 때, 상대의 행동이 당장은 답답하거나 이해되지 않을 수 있다. 하지만, 상대는 '나'를 만나기 이전부터 자신만의 방식으로 삶을 살아왔음을 기억해야 한다. 모든 사람에게는 자신만의 삶의 방식이 있기 마련이기 때문이다.

남의 일상에 섣불리 얹는 생각은 상대의 하루를 어지럽게 만들고 관계를 불편하게 만들 수 있다. 그러니 상대의 행동에서 이유를 찾기보다, 다름을 인정하고 이해하려는 태도를 가져 보자.

 한 사람의 인격체로 인정하는 순간, 갑갑했던 마음이 이해로 바뀌게 된다.

선함

 여러 사람이 모여 이야기를 나눌 때 모두가 선호하는 사람은 언제나 다른 이들의 문장을 선하게 받아주는 사람이었고, 반대로 모두가 입을 모아 회피하는 사람은 거친 언어로 다른 이들을 자기 멋대로 휘두르려 하는 사람이었다.

 사람들의 마음은 자연히 선한 행동을 보이는 사람에게 모인다. 모두가 편안히 대화할 수 있는 분위기를 만드는 것은 작은 배려와 존중에서 비롯된다는 걸, 많은 사람이 직감적으로 느끼기 때문이다.

 반대로 거친 행동을 보이는 사람에게는 사람들의 노여움이 쌓인다. 큰 목소리와 거친 문장, 행동에는 상대를 생각하는 마음이 없을뿐더러, 자신의 이득을 위해 타인을 이용하려 하는 괘씸한 마음이 보이기 때문이다.

이처럼 상대를 대하는 태도는 결국 나를 대하는 태도로 돌아오기 마련이다.

그러니 되도록 선한 태도를 갖추도록 노력하자. 먼저 선한 행동을 건넨다면, 분명 건넨 마음이 더욱 커져 나에게로 돌아왔음을 느끼게 될 것이다.

의지

 곁에 의지할 수 있는 사람이 있다는 건 더할 나위 없이 기쁜 일이다. 하지만, 기댐이 지나치면 '의지'가 '의존'으로 변한다.

 의지가 '의존'이 되는 순간, 자신을 잃어버리는 건 물론, 소중한 관계도 함께 휘청이게 된다. 상대방이 삶의 동반자가 되어줄 수는 있어도, 나라는 사람 자체가 되어줄 수는 없기 때문이다.

 예를 들어, 상대방의 조언을 받아들이는 것은 의지이지만, 모든 결정을 상대에게 맡기고 자신을 방치하는 것은 의존이 된다. 이 차이를 잊지 말고, 기억하자.

 소중한 관계를 오래 지키고 싶다면, 서로가 '나'와 '상대'의 경계선을 확실히 인지하고, 서로의 독립성을 존중하는 관계를 만들어야 한다. 이것이 소중한 관계를 오래 이어갈 수 있는 '방법'이다.

기대

　모든 사람이 나에게 호의적이길 바라면, 마음이 다친다. 부풀어 있는 기대를 수많은 사람이 만족시켜 줄 수 없을뿐더러, 이유 없는 '미움'에 '마음'이 그대로 '노출'되기 때문이다.

　살아가며 기대를 전혀 품지 말라는 것은 아니다. 하지만, 기대를 적당히 안아야 상처 담긴 말을 무자비하게 던지는 사람들로부터 자신을 지켜낼 수 있다.

　결코 당신이 못나고, 남들보다 잘나지 않아서가 아니다. 세상엔 너무나도 많은 이들이 살아가고 그들 모두가 하는 생각을 전부 알 수 없기에, 생각의 차이에서 오는 무차별한 비판으로부터 자신을 지키려면 기대에 적당함을 적절히 품어야 할 뿐이다. 그러니 상심하지 말고 적당한 기대를 소중한 이들과 나누자.

　관계에 품는 기대는 딱 그 정도면 되었다.

스스로 만든 기대와
현실이 다르다고 해서
자신을 탓하는 것만큼
어리석은 일은 없다.

관계에서의 기대는 단 한번도
당신에게 부응해 주지 않았다는 걸
잊지 않길 바란다.

부모

 부모는 언제나 자식의 안위를 걱정한다. 요즘 마음은 괜찮은지, 끼니는 챙겼는지, 날이 추운데 감기에 걸리진 않았는지, 하고 싶다고 한 일은 잘 해내고 있는지.

 어린 나이에 아이를 출산하고, 덜컥 '엄마'와 '아빠'가 된 그들의 입장을 떠올려 본 적이 있는가. 작고 여린 아이가 태어난 순간부터 부모가 된 남녀는 아이를 위해 살아간다. 밤새 울면 어디가 아픈 건지, 배가 고프진 않은지, 걱정하고 걱정하며 온 마음을 아이에게 쏟는다. 그렇게 한 생명을 지키는 일에 몰두하는 것이다.

 자신들의 이름을 놓고, 한 아이의 엄마와 아빠로 살아가는 존재들이다. 이리 온 마음을 다 쏟고도 자식들이 뱉는 모진 소리에 내치지 못하는 것이 부모고, 가슴이 뭉개지고, 깨져도 버텨내는 것이 부모다.

그러니, 당신이 여기까지 글을 눈에 담았다면, 오늘은 부모님께 "사랑한다"라고 한마디 해드리자. 그분들에게 이 말은 그 어떤 말보다 크고 풍족한 위로가 되어 닿을 것이다.

아이

어른이 아이에게 말을 건넬 땐, 머리에서 나온 문장이 아닌 마음에서 우러나온 말을 건네야 한다. 아이들은 이를 평생 기억하며 살아가기 때문이다.

다 큰 성인이라면 공감할 거다. 아직도 어린 시절 부모님께 받았던 말과 감정을 기억하고 있지 않은가? 부모가 전부인 어린아이는 부모가 건네준 말과 행동에서 비롯된 감정을 깊게 기억한다. 그 감정이 삶에 자존감을 형성해 주고, 한 아이의 삶이 넓혀주는 것이다.

그러니 당신이 '어린 시절'을 지나온 '어른'이라면, 아이에게 말을 건넬 때 진심 어린 따뜻함을 담으려 노력하자. 어른의 한마디는 아이들의 세상을 밝히는 등불이자, 평생의 자부심을 선물하는 힘이 되어준다.

자신의 어린 시절과 상관없이,
자라나는 새싹들에게 따뜻한 마음과
등불을 건네줄 수 있는 사람,

그가 진정한 어른이라 할 수 있다.

나이

 나이가 어리다고 생각이 어린 건 아니다. 우리는 나이와 상관없이 서로에게 배울 수 있는 사람들과 어우러져 살아가고 있기 때문이다.

 종종 나이가 어리다는 이유로, 그 사람의 모든 걸 다 아는 것처럼 얘기하고 무시하는 사람이 있다. 정말이지 어리석은 발언과 태도가 아닐 수 없다. 먼저 태어나 삶을 살아갔다는 사실이 삶의 전부를 다 안다는 증거가 되진 않기 때문이다.

 나이가 무르익은 사람은 삶의 유연함과 노련미가 있고, 나이가 젊은 사람은 패기와 열정, 그리고 빠른 속도가 있다. 이 말은 즉, 모두가 서로에게 배우며 살아가야 보완되는 세상이라는 사실이자 모두에게 부족한 점이 있다는 증거가 된다.

그러니 나보다 어리다는 이유로 사람을 무시하지 않았으면 한다. 나이가 어리든, 많든, 모든 사람은 각자의 강점과 가치를 지니고 있다.

무례

 남의 무례함을 보고 종종 나의 과거를 돌아보게 된다. 배려와 예의 없이 모든 언행에 '본인'만 있는 사람, 남의 처지는 생각하지 않고 자신의 목적만을 위해 고집을 부리는 사람. 그들을 보며 지난날, 나의 이기심을 떠올린다.

 혹여나 나도 누군가에게 저리 보이진 않았을까. 누군가의 마음을 상하게 하거나 하루를 망가뜨리진 않았을까. 타인의 무례함을 보며 나의 행동을 돌아보고 반성하게 된다. 그리고 다짐한다. 앞으로 무심코라도 무례를 범하지 않겠다고. 작은 이기심 하나가 누군가에게는 큰 상처가 될 수 있으니 말이다.

 때론 타인의 실수가 삶의 스승이 되어주기도 한다. 그들의 행동을 통해 내 모습을 돌아보고, 더 나은 사람이 될 기회를 얻게 되니.

함께

 시간이 흐를수록 '혼자'에서 오는 외로움이 더 짙게 느껴진다. 이대로 사라진다 해도 아무도 모를 것 같은 적막함. 이런 세상에 '함께'라는 이름으로 묶일 수 있음이 참 감사하다.

 마음이 어긋날 때도 있고, 모든 순간을 함께하지 못할 때도 있지만, 삶의 공간에 서로의 온기가 포근히 스며들어, 혼자가 아님을 느낄 수 있어 참 다행이다.

 가족과 따뜻한 식사 자리, 친구와 나눈 웃음, 연인과의 진솔한 대화. 이 같은 순간들이 삶에 남겨주는 '함께'란 의미.

 되도록 많은 이들이 오래도록 소중한 사람과 서로의 온기를 꼭 끌어안길 바란다. 언제까지나, 함께.

3장을 마친 당신이, 소중한 이들에게

소중한 이들의 이름을 적고, 그들이 당신의 삶에
어떤 의미로 곁을 지켜주고 있는지 기록해 보아요.

오늘의 작은 기록이 인연의 소중함을 잊어버리지 않게
도와줄 겁니다. 지금, 당신의 이야기를 적어보세요.

4장
삶과 위로, 의미를 찾아서

간절함

 삶의 성공이 간절한 사람은 잠을 자지 못해요. 눈을 감고 있을 시간에 뭐라도 해야 자신의 일상이 바뀔 수 있음을 너무나 잘 알고 있기 때문이에요. 그래서 잠을 포기하고, 현재의 자신을 미래의 자신에게 투자해요.

 낭만을 사랑하지만, 낭만 속에만 살기엔 현실이 지나치게 무서움을 너무 이르게 알아버렸어요. 사랑하는 것들을 지키기 위해서는 하고 싶지 않은 일도 간절한 마음으로 이뤄내야 한다는 사실도 알아 버렸죠.

 처음엔 이 사실이 미치도록 버거웠지만, 이제는 투정 부리지 않기로 했어요.

사랑하는 모든 걸 지키기 위해 기어코 간절해져 삶에 많은 평화를 단단히 만들겠어요. 지금 당장은 버겁고 힘겹더라도 미래의 행복과 현재의 소중함을 지키기 위해, 나 자신에게 부끄럽지 않기 위해, 그리고 사랑하는 이들에게 자랑스러운 삶을 살기 위해서요.

기준

 마음 편안한 삶을 살아가는 사람은 물질적인 가치보다 일상의 행복을 더 소중히 여기는 사람이며, 숨 가쁜 일상을 보내는 사람은 시간의 가치를 귀하게 여겨 이를 낭비하지 않기 위해 노력하는 사람이다.

 또 반복되는 도전에 자주 무너지는 사람은 성장하는 과정에 성취감을 느끼는 사람이며, 사랑에 깊은 마음을 쏟는 사람은 다른 가치보다 사랑의 가치를 더 귀하게 여기며 살아가는 사람이다.

 일상에 명확한 기준을 가지고 있는 사람들은 자신과 다른 이들의 삶을 비교하지 않는다. 그리고 나만의 기준으로 삶에 의미를 촘촘히 불어넣어 충만한 만족감을 안고 살아간다. 이처럼 자신만의 기준이 있다는 건, 남의 인생을 보고 흔들리지 않는, 줏대 있는 삶을 살아간다는 것과 같다.

자신의 삶에 만족하는 사람은
사랑을 구걸하지 않으며,
타인과 자신의 삶을 비교하지 않는다.

이미 스스로 충분히 만족하는
삶을 살고 있기 때문이다.

시야

 어떤 시선으로 삶을 바라보는가에 따라 생각이 바뀐다. 좁은 방 안에 앉아 작은 창문을 바라보며 자신을 좁아터진 방 안에서 저물어 가는 삶을 살아가는 사람이라 비관적으로 바라보는 사람이 있으면, 좁은 방 안이라도 마음 편히 누울 수 있음에, 내일이 있음에 감사하며 더 나은 미래를 꿈꾸는 사람이 있다. 이 시선의 차이는 시간이 지남에 따라 더 극명한 차이로 나타난다.

 인생을 비관적으로 여겼던 사람은, 시간이 지나도 여전히 방 안에 고여 자신의 삶을 원망하고 있을 것이고, 희망적인 시선으로 내일을 꿈꾸던 사람은 마음속에 떠오른 삶의 열정을 놓치지 않고 붙잡아 더 나은 상황으로 나아갈 것이다.

이처럼 생각과 시선은 종이 한 장의 차이다. 어떤 시야로 세상을 바라보는가에 따라 우리들의 삶은 천차만별로 바뀌기 때문이다. 그러니 되도록 긍정적인 시선으로 자신의 삶을 바라보자. 그 시선이 당신의 삶을 기어코 바꿔줄 거다.

괜찮아

언제부턴가 입에 붙은 말이다. "괜찮아, 정말이야."

말을 뱉는 대부분의 순간에 괜찮지 않음을 알고 있었지만, 습관적으로 괜찮다는 말이 나왔다. 왜일까. 골똘히 생각해 보니, 타인에게 '괜찮지 않은 사람'으로 보이고 싶지 않았기 때문이었다. 마음이 아픈 사람, 우울감에 자주 빠지는 사람, 빈번히 무너지는 사람. 이런 사람으로 보이고 싶지 않아 발버둥 치며 꾸며낸 '거짓말'이었다.

세상을 속이고, 자신마저 속인 탓에 더 어두운 마음을 끌어안고 살아간다. 사실은 모든 순간이 괜찮지 않았다. 자주 마음이 아팠고, 벅찬 감정들에 많이 무너졌다. 그러니 이제 와서라도 내게 "괜찮지 않아도 괜찮다"라고 말해주려 한다.

이제 남들이 못나게 보는 시선은 상관하지 않는다. 살아 감에 가장 중요한 건, 나의 내면을 외면하지 않고 챙기는 것이라는 걸 너무나 잘 알아버렸기 때문이다. 그러니, '괜찮지 않아도 괜찮다.' 정말이다.

끝

 살아감의 반대, '끝'이란 말을 떠올린 적이 있다면, 당신에게 꼭 해주고 싶은 말이 있다. 자신에게 물어보았으면 한다. 당신이 원하는 게 정말 소멸인지, 편안함에 이르는 것인지.

 많은 이들이 현재의 삶이 힘들단 이유로 상황을 외면하고 억압에서 벗어나길 간절히 바란다. 그리고 이를 '끝'이라 정의하지만, 사실은 그저 더 행복해지고 싶을 뿐이다.

 마음 편안히 몸을 눕히고, 모든 스트레스에서 벗어나 편안한 미소를 짓고 싶어 할 뿐이다. 이는 살아감의 의지이자, 더 행복해지고 싶어 하는 마음이다. 그러니 착각하지 말자. 스트레스와 고통 속에서 잘못된 길을 선택하는 것은 단순한 도피이자, 모든 걸 잃게 만드는 끝일 뿐이다.

삶이 버겁고 벅차게 느껴진다면,
남들의 말에 휘둘리지 말고
마음 편히 쉬어가세요.

자신만의 시간을
스스로에게 내어주는것.
그보다 중요한 일은 그 무엇도 없어요.

다짐

 살다 보면 중요한 가치들을 자꾸 잊어버리게 된다. 분명 성공이 아닌 행복을 좇겠다고 다짐했었는데, 분명 욕심이 아닌 사랑을 끌어안겠다고 다짐했었는데, 이 무슨 청개구리 심보인지 정신 차리고 보면 매번 다짐의 반대 방향을 향해 걷고 있었다.

 몇 번의 깨달음을 마주해야 실수를 반복하지 않을 수 있을까. 몇 번의 넘어짐을 반복해야 이 굴레를 벗어날 수 있을까.

 오늘도 다짐한다. 다시는 잊지 않겠다. 절대 까먹지 않겠다. 나는 내 행복을 바란다.

삶의 목적인 행복을 잊지 말자.

행복은 결코 잊어서는
안 될 가치이자, 삶의 본질이다.
우리는 결국, 행복을 위해
살아가는 존재이니까.

질투

 현재의 불행을 '질투'란 잘못된 표현으로 표출하는 이들이 있다. 지나가는 사람의 웃음을 시기하고, 내가 갖지 못한 행복을 품고 있는 사람들이 불행해지길 바라며. 현재의 불만족을 타인에게 토해내는 사람들이다. 이들은 자신의 장점은 보지 못하고, 남의 것만 눈에 담는 불안정한 마음을 가지고 있다.

 각자의 삶에 위치한 귀한 가치들을 알고 살아가야 한다. 예를 들면 값비싼 물건은 아니더라도, 소중한 이가 마음 얹어 선물해 준 귀한 가치 담긴 물건. 자랑할 만하게 휘황찬란한 음식은 아니더라도, 가족이 정성 들여 만든 정갈한 밥상과 같은 것들 말이다.

작은 것에 감사해야 마음이 안정을 찾고, 사소한 행복을 느낄 수 있다. 그러니 남의 것보다, 내 것에 집중하자. 어느 곳에 시선을 두는가에 따라 삶의 만족도가 달라진다.

단면

한 사람의 단면만 보고 판단하는 사람보단, 그 사람의 여러 가능성을 열어두는 사람이 되고 싶다. 나 또한 누군가에게 단면으로 각인되고 싶지 않으니 말이다.

그리고 말해주고 싶다. 당신 앞에 있는 내가, 당신의 가능성을 바라보고 있으니 원하는 일이 있다면, 해내고 싶은 일이 있다면 끝까지 버텨보라고 말이다.

나의 각진 모습을 둥글게 다듬는 것도, 삶의 의미를 스스로 찾아내는 것도 전부 제힘으로 이뤄낼 수 있으니, 포기만 하지 말라고 말이다.

타인을 함부로 재단하지 않는 사람의 시선은 넓다. 부정할 수 없이 유영해야 하는 삶이라면, 나는 그런 사람으로 살아가고 싶다.

혼잣말

 일이든, 관계든, 무엇이 되었든 나의 모든 걸 쏟아내고 최선을 다했다는 생각을 제 입으로 내뱉게 되는 순간이 오면 나는 미련 없이 그것으로부터 뒤돌 수 있었다.

 쥐고 있던 마음을 느슨하게 풀어 내게서 떠나가는 그것들을 바라보며 약간은 공허하지만 그럼에도 '이제 보내줄 때가 되었다'라고 스스로 되뇔 수 있었다.

 모든 게 같았다. 설렘으로 마주해 약간의 익숙함이 되었다가 조금은 친밀해졌을까 싶었을 때 다시 멀어지기를 반복했고 권태로움이 찾아왔다가 가끔은 내게 좌절을 안겨 주기도 했다. 그러다 조금의 오기가 생겨 다시 힘을 내 마주 봤고, 고비를 이겨내 애정을 느꼈다가 마지막은 헤어짐 혹은 계속됨의 갈래 길이었다.

그 안에서 내가 할 수 있는 일은 한 가지뿐이었다. 내게 닿은 순간에 최선을 다해 몰입하는 것. 사람이 되었든, 일이 되었든 앞에 놓인 것들에게 진심을 쏟아부어 만에 하나 헤어짐의 순간이 오더라도 작은 미련 한 점 느끼지 않게 해주는 것. 그것이 자신에게 해줄 수 있는 전부였다.

앞으로도 최선을 다해 미련 한 점 남기지 않을 것이다. 무언가에 미련을 두고 계속 바라는 것만큼 괴로운 일이 또 없으니 말이다. 나는 내게 그런 감정을 남겨두고 싶지 않다. 당신도, 그리해 보았으면 한다.

화

  부조리함. 당연하지 않은 것들을 당연하게 여기는 사람들. 사람과 사람 사이 급을 나누는 시선. 나쁨에 관대하고, 좋음에 엄격한 세상. 망가지는 정신. 반대의 맑음을 가만두지 못하는 사람. 타인을 생각하지 않는 이기주의. 나만 좋으면 된다는 마음. 자존심이 초래한 언성 높은 대화. 언제부터 시작된 문제인지 몰라, 모두가 외면하는 고질적인 악이다.

  때로는 정당히 '화'를 내야 하는 순간들이 있다. 그 상황에서 화를 내는지, 아니면 수긍하고 넘어가는지, 외면하는지를 보면 사람의 내면을 엿볼 수 있다. 검게 물든 사람인지, 아니면 맑고 순결한 마음을 가진 사람인지. 정당한 화는 부조리에 맞서는 용기이며, 이 세상을 더 나은 곳으로 만드는 힘이기 때문이다.

그리고 나는, 이 세상에 백색이 더 많아지길 바라는 사람이다. 그러니 글을 읽는 누군가는 정당히 '화'를 내며 살아가기를 간절히 바란다. 정당한 화는 세상을 맑게 만들고, 많은 사람의 마음을 깨끗하게 밝혀 주기에.

 나이

삶에는 다양한 변화가 예고 없이 찾아온다. 예를 들면 갑자기 인생의 중요한 결정을 내려야 한다거나, 급격한 변화를 받아들여야 하는 순간이 온다거나, 평온하던 인간관계가 한 시기에 전부 바뀌는 일들이다.

그리고 이런 일들은 나이가 들수록 더 잦아진다. 누군가에게 보호받지 않는 삶은 스스로 세월의 풍파를 전부 겪어내야 하기 때문이다. 이처럼 나이가 든다는 건, 준비되지 않은 채로 계속 세월의 시련을 견뎌내야 한다는 것과 같다. 숫자가 늘어날수록, 삶의 무게도 함께 늘어나기에.

–

무르익음을 선택할 수 있다면 참 좋으련만. 세상이 우리에게 이를 허락하지 않는다.

우리에게 들이닥친 시련은
삶이 우리를 무르익게 하는 과정이다.

그 깊어짐을 기뻐해야 할까,
아니면 억지스러운 흐름에 한탄해야 할까.

여유

 여유를 아는 사람들은 바쁜 나날들 사이 작은 틈을 쪼갤 줄 아는 사람들이다. 맘 놓고 쉴 수 있는 휴일이 아니더라도 정신없는 일상 사이 자신만의 숨구멍을 뚫어 그곳에 얼굴을 내밀고 숨을 고를 줄 아는 사람들이다.

 목적지로 향하는 길, 바쁘게 움직이는 발과는 달리 느리게 주변 풍경을 시선에 담으며 계절을 마주하는 사람. 작은 순간들에 마주친 사람들과 시시콜콜한 농담들을 주고받으며 조그마한 미소들을 자신의 하루에 물들이는 사람. 사랑하는 카페에 들러 좋아하는 커피를 자신에게 선물할 줄 아는 사람. 자신의 하루에 숨구멍을 여러 개 내어 오늘이라는 날을 그럼에도 나쁘지만은 않았던 하루로 만들어 내게 건넬 줄 아는 사람.

 자신에게 여유를 선물할 줄 아는 사람들은 그런 사람들이다.

놓음

 내려놓는 일에 익숙해져야 한다. 화려하고, 휘황찬란한 과시들과 멀어져, 삶의 사소한 행복들에 눈을 떠야 한다. 그러려면, 가장 먼저 내려놓는 일에 익숙해져야 한다.

 남에게 잘 보이고 싶은 마음, 인정받고 싶은 마음, 내가 잘났다는 걸 과시하고 싶은 마음. 이것들을 내려놓으면 삶은 생각보다 더 편안해진다.

 그리고 알게 된다. 일상 속 자신이 행복을 느끼는 순간들은 언제인지, 자신이 사랑하는 것들은 무엇인지. 시야를 가리고 있는 과한 자극들을 덜어내고 나면, '나'라는 사람에 대해 더 잘 알게 된다. 그제야 자신이 제대로 보이기 때문이다.

정신

 아이들의 억울함과 어른들의 횡포가 만나, 위에서 짓누르는 세상이 완성되었다. 돈, 명예, 자산, 값비싼 차, 넓은 집. 숨 막히는 비교가 세상을 떠돈다. 이 사이에서 자라나는 어린 새싹들은 잎을 펼치기도 전에 정신에 금이 가고 있다.

 자신의 몫을 쥐기 위해 다른 이들을 짓누르는 현실 속에서, 세상은 점점 더 무너져 가고 있다. 이제 중요한 건 돈이 아니다. 제정신을 유지해야만 살아갈 수 있는 세상이 되었으니, 1순위는 바뀌었다. 이제 돈은 2순위다.

 그러니, 살아가기 위해 이제 가장 중요한 건 정신임을 잊지 말자. 기를 쓰며 어린 새싹들을 지켜내고, 큰마음들을 지켜내자. 건강한 정신을 지켜내기만 한다면 삶은 언제든 더 나아질 수 있고, 변화할 수 있으니 말이다.

아이들의 정신을 지켜주고, 어른들의 정신은 서로 안아주며 되도록 어린 새싹들에게 자유로움을 안겨주는 세상으로 변하길 간절히 바란다.

봄

 봄이란 계절이 지독하게 아픈 사람들이 있다. '나의 삶은 이리 밝지 않은데, 이리 예쁘지 않은데.' 계절과 본인의 삶을 비교하며, 봄이란 계절이 빨리 지나가기만을 바라는 사람들이다.

 난 그들이 계절과 자신을 비교하지 않았으면 한다. 계절은 우리에게 '당연히' 자신의 일부를 내어준다. 즉, 계절은 모두에게 공평히 내려지는 선물이란 것이다. 잡으려 해도 잡을 수 없는 물줄기처럼 흐르듯 왔다 사라지는 것이 계절이며, 누구도 독점할 수 없는 것이 계절이다.

 지금 내가 어떤 상념을 지니고 있든, 어떤 어둠을 품고 있든, 어떤 모습을 하고 있든 봄은 자신의 생기와 밝음과 따뜻함을 편견 없이 내게 내어준다는 말이다.

그러니 봄은 나와 비교해야 할 대상이 아니다. 감사하게 삶에 들일 수 있는 거대한 온기일 뿐이다.

 이 온기 앞에 스스로 작아져 어여쁜 봄을 바라보지 못하는 건, 세상이 내게 주는 거대한 선물을 어리석게 바라보지 않고 흘려보내는 것과 다름없다.

 그러니 다가올 봄은 한 발 더 다가가 봄에 온도와 피어나는 꽃들, 온 세상이 생기로 가득 차는 모습을 눈에 가득 담았으면 한다. 그래서 이 봄이 당신에게 아픈 봄이 아닌, 선물처럼 온기를 건네주는 계절로 남았으면 한다. 그리 바란다.

우산

  습한 공기, 무겁게 내려앉은 공기, 비가 온다. 안개 가득 낀 하늘, 흐릿한 시야, 우중충한 하늘이 세상을 뒤덮는다. 종종 마음에도 이런 날이 찾아온다.

  선선한 바람 불다가도 문득, 굵은 빗줄기 쏟아져 무거워진 공기 드리우며 바닥까지 마음이 가라앉는 날이 찾아온다. 일기예보처럼 예측할 수 있다면 좋으련만, 안타깝게도 마음의 일기는 예측할 수 없다.

  이런 날이 오면 언제나 마음이 젖어 아래로 가라앉는 걸 막고 싶었다. 흠뻑 젖어버린다면 깊은 여운에 오랜 시간을 일어나지 못하고 바닥에 가라앉은 채로 긴 시간을 살아가게 될 것이 분명했으니 말이다.

젖음의 반복을 여러 번 마주하고 나서야 방법을 찾았다. 마음에 비가 찾아와도 대수롭지 않게 '오늘은 이런 날이 내게 찾아왔다'라며 태연히 흐린 날을 반기는 거다.

희한하게 받아들인 마음은 우산이 되어 나를 비로부터 지켜줬다. 울음은 쏟아질지언정, 잠시 우울감에 잠길지언정, 내리는 비에 흠뻑 젖어 다른 날까지 여운을 무겁게 안고 있지 않게 보호해 주었다.

부정하지 않고 받아들인 마음이 우산이 되어줄 것이란 걸 누가 알았을까. 나는 이제 마음이 흐려지는 날이 와도, 빗줄기 굵게 쏟아지는 날이 와도, 화창한 날들과 공평하게 바라봐 주려 한다. 이날들이 내게 찾아오는 걸 막지 못하니, 모든 날에 쓰임이 있다는 걸 인정할 수밖에 없다.

비

 혹 아시나요. 아무리 거칠게 빗줄기가 쏟아져도 한곳에 계속 내리진 않아요. 우산이 없이 비를 흠뻑 맞아도 시간이 지나면 마르게 되어있고요. 또 어떤 날은 운 좋게 우산이 있어 비를 피할 수도 있어요.

 제 말은 당신에게 찾아온 오늘도, 당신에게 머무는 먹구름도 전부 지나가기 마련이고 젖어버린 당신 마음도 시간이 지나면 마르게 된다는 말이에요.

 그러니 오늘 찾아온 버거움이, 지친 마음이 내일도 함께할 거라 생각 마세요. 걱정하지 말아요. 당신에게 내리는 비는 곧 멈출 거예요. 모든 게 지나가요.

괴로움이 마음을 삼켜
도저히 헤어나올 수 없을 때,

"오늘이 영원하지 않다"는 사실만큼
위로가 되는 것은 없어요.
그러니, 부디 꼭 기억해 주세요.

카르페디엠

이 단어는 '지금, 이 순간에 충실하라'라는 뜻으로, 나의 삶에 명확한 신념이자 방황을 바로잡아 주는 단어다.

열심히 오늘에 충실하며 살아도, 마음이 버거워 무너지는 날은 찾아온다. 그렇게 무너지면 방황하고, 방황하면 길을 잃게 된다. 길을 잃었을 때, 다시금 제자리로 돌아갈 기회가 여러 번 찾아오는데, 그중 하나가 바로 마음속 신념을 다시 꺼내어 보는 것이다.

오랜 시간을 함께하며 나의 삶을 바로잡아 준 이 단어는, 단어와 함께 걸어온 과거와 현재, 그리고 단어와 함께할 미래를 선명하게 보여준다. 방황하는 마음에 자신이 걸어온 길을, 그리는 길을 다시금 보여줘 제정신을 바로 차리게 도와주는 것이다.

이 글을 읽는 당신에게도 묻고 싶다. 당신의 가슴 속에는 어떤 단어가 자리 잡고 있는가? 당신도 살아가다 종종 방황하고, 제정신을 잃어버리는 때가 온다면 그 단어를 소중히 꺼내어 마음을 굳게 잡길 바란다.

 나에게 그래 주었던 것처럼, 당신의 신념도 당신을 다시 일으켜 세울 힘이 되어줄 것이다.

미래

 꿈꾸는 미래를 상상하며, 현재의 자신에게 희망과 의지를 주는 일은 중요하다. 하지만, 그 미래가 너무 크고 멀리 있다면, 오히려 미래에 압도당해 당신이 의욕을 잃을 수 있다.

 머릿속으로 미래를 그리는 것도 적당해야 한다는 말이다. 많은 이들이 큰 목표를 상상하며 현재를 소홀히 여긴다. 그렇게 마음은 앞서지만, 몸은 움직이지 않는 것이다. 이리되면 이상은 크지만, 현실은 그대로인 상태가 지속된다.

 결국, 큰 이상과 현실의 차이에서 괴로움을 느끼게 되고, 닿을 수 없는 꿈이라 여기며 스스로 자신감을 잃게 되어 버리고 마는 것이다.

언제나 오늘을 살아야 내일을 이룰 수 있다. 그러니 이 사실을 잊지 말고, 미래를 상상하는 일도 적당함을 유지하자. 지금의 발걸음이 단단해야, 그 위에 미래를 세울 수 있는 법이다.

현재

 미래와 과거 사이에서 가장 큰 덩어리를 차지하는 것은 현재다. 미래에 압도당하지 않으면서, 과거의 실패에 발목 잡히지 않도록 생각을 꾸준히 경계하며 살아가야 하는 시간이 바로 현재이기 때문이다.

 그러니 우리는 현재에 집중하는 연습을 자주 해야 한다. 생각은 자유로워서 방황을 자주 하기 때문이다. 그도 그렇게 조금만 틈이 생겨도 미래를 그리거나, 과거를 후회하며 지금의 순간을 낭비하지 않는가? 그리 낭비하는 시간만 모아도 삶의 절반을 다시 살아갈 수 있을 정도다. 그러니 가장 중요한 건 현재임을 잊어선 안 된다.

 지금의 현재는 지나면 과거가 되고, 오늘의 노력이 미래를 만들어 주기에, 우리는 현재를 살아가야 한다.

과거

 과거의 자신에게도 배울 점이 있다. 언제나 현재의 내가 과거의 나보다 더 나은 사람일 거라 장담할 수 없기 때문이다.

 살아가다 보면, 현재의 자신보다 더 현명했던 과거의 나를 마주한다. 그 순간, 부족했던 나를 반성하며 동시에 깨닫는다. 과거의 내가 지금의 나에게 여진히 가르쳐줄 것이 많음을.

 그러니 막막한 고민의 해답은 멀지 않은 곳에 있을지도 모른다. 과거의 선택, 성취, 다짐이 지금의 문제를 해결하는 열쇠가 될 수 있다. 가끔은 현재에 풀리지 않는 고민도 과거로부터 해결의 실마리를 찾게 되니 말이다.

과거는 단순히 실수만 남기는 것이 아니다. 그것은 우리의 길을 비춰주는 길잡이가 될 수 있다. 과거를 길잡이 삼아 앞으로 나아간다면, 당신의 현명함은 더 깊어지고, 삶은 더 단단해질 것이다.

덜 완벽

완벽하지 않아도 됩니다. 애초에 완벽은 어디에도 없으니까요. 추상적으로 누군가가 정해놓은 기준, 혹은 스스로 세워 놓은 기준. 이 기준에 모든 걸 맞춰 매번 완벽을 좇다 보면 당신은 언제나 만족하지 못할 겁니다.

가끔은 덜 완벽하더라도, 상황을 유연히 받아들여 보세요. 자신이 굳게 잡고 있던 기준의 끈을 살짝만 느슨히 잡아도 당신의 삶이 편안해집니다.

정답이라 정해진 삶은 어디에도 없으니 덜 완벽하더라도, 본인의 일상을 더 행복하게 만드는 데 집중하세요. 결국 우리는 행복을 위해 살아가는 존재들이니까요.

희망

 많은 이들이 희망을 절망으로 의심한다. 하지만 언제나 희망은 희망의 이름으로 묵묵히 자리를 지켰다. 희망의 곁에 찾아가고 떠나는 건 언제나 우리였다는 말이다.

 사람의 불안, 과도한 미래 걱정, 그리고 스스로 희망을 의심하는 태도가 우리를 희망으로부터 멀어지게 했다. 결국, 희망이 쥐여준 시간을 허비하고, 내어준 기회를 놓친 건 우리였다는 것이다.

 그러니 희망을 절망으로 의심하지 말자. 희망은 우리의 태도에 따라 언제든 기회로 바뀔 수 있는 소중한 빛이다. 묵묵히 그 자리를 지키고 있는 희망을 받아들여, 우리의 새로운 가능성을 끌어안고 그것을 현실로 만들어 가는 당신이 되길 바란다.

변화

 종종 주변을 둘러보면, 일상에 변화를 두려워하는 사람들을 볼 수 있다. 그들은 안정적인 삶을 살아가면서도 도전과 성장을 꿈꾼다. 하지만 지금의 편안함을 벗어나야 한다는 생각이 두려워, 결국 머무름을 택하곤 한다.

 그러나 미루고 꿈만 꾸는 삶으로는 후회를 피할 수 없다. 원하는 삶을 손에 쥐기 위해선, 그 삶을 위해 과감히 나아가는 행동이 있어야 한다. 때로는 안정적인 일상을 일부러 무너트려야 새로운 변화가 삶에 찾아오고, 그렇게 부서지고, 다시 일으켜 세워야 그 끝에서 정말 자신이 원하는 삶 속에 안정적으로 살아갈 수 있는 법이다.

 그러니 변화를 두려움으로만 생각하지 말자. 변화는 원하는 삶을 내게 안겨주는 새로운 선물이다.

삶을 길게 바라보세요.
당장의 두려움은 당신의 발을
옭아매는 쇠사슬일 뿐입니다.

우리는 언제든 삶을 자유롭게
선택할 수 있다는 사실을 잊지 마세요.

이런 날

 살아가다 보면 이런 날도 있고, 저런 날도 있는 법입니다. 항상 행복만 하지는 못하겠지요. 마음이 버거운 날도, 벅차 무너지는 날도, 지치는 날도, 모든 날이 예고 없이 찾아오고, 떠납니다. 그러니 우리는 때에 따라 우리의 마음을 적절히 잘 챙겨줘야겠지요. 그러지 않으면, 이런저런 날에 방황하는 마음이 무너져 다시는 일어나지 못하게 되어 버릴 테니까요.

 그러니 자신의 마음을 잘 보살펴 주세요. 살아가는 일에 자신을 돌보는 것만큼 중요한 일이 또 없습니다.

용서

 살아가며 자신을 미워하게 되는 순간이 얼마나 많은지, 겪어본 이들은 알 것이다. 생각을 따라가지 못하는 실행력, 말실수로 인해 타인에게 준 상처, 행동하지 않아 놓쳐버린 기회, 자신도 제대로 챙기지 못하는 나의 모습. 그런 자신을 미워하며 낮아지는 자존감.

 자신을 미워하는 일에 빠지면, 그 굴레에서 헤어 나올 수 없다. 자책과 원망이 모든 시선을 가리고, 이미 낮아진 자존감으로 긍정적인 시선을 잃어버리기 때문이다.

 이 굴레에서 벗어나기 위해선 가장 먼저 자신의 태도를, 생각을, 마음을 용서하는 일에 집중해야 한다. 자신에게 "그동안 못나게 굴어서 미안하다, 너는 더 나아질 수 있는 사람이다, 나는 나를 사랑한다"라고 이야기해 줘야 풀이 죽은 마음이 다시금 고개를 들기 때문이다.

그러니 지금 자신의 모든 게 못마땅하다고 여긴다면, 가장 먼저 그 생각을 돌아보고 용서하자. 작게 내민 사과의 손길이 더 나은 당신으로 나아가게 도와줄 것이다.

삶은 작품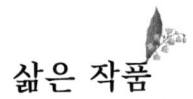

 순백의 도화지를 걷는다. 현재와 미래, 과거의 발자국을 무수히 찍어 생이란 작품을 완성한다. '어떤 색을 남길까?', '어떤 자국을 찍어볼까?' 뛰다가, 걷다가, 기다가, 넘어지고 무릎 자국 동그랗게 남긴 후 고개 들어 다시 걷던 길을 걷는다.

 작품이다. 생은 하나의 작품이다. 잡을 수 없고, 눈에 담을 수 없고, 가치를 정할 수 없는, 고결한 작품이다. 그리고 우린 작품의 주인이다. 예술가다. 각자의 자리에서, 각자의 색으로, 각자의 생을 칠하는 동등한 예술가다.

 넘어져 찍힌 검붉은 무릎 자국도, 눈물에 젖어 회색 때 올라온 종이 일부분도, 검정 물감 온몸에 묻혀 나뒹군 흔적도, 전부 순백의 도화지를 나만의 작품으로 동결시키는 자국이다.

그러니 온몸으로, 큰 붓으로, 작은 섬세함으로, 눈물로, 언어로, 마음으로, 깊고, 옅게 찍어 누르자.

언젠가 찾아올 마지막 그날, 발 떼는 그날, 뒤돌아 바라볼 나의 도화지를 후련한 마음으로 눈에 담을 수 있게. 발 떼는 그날 기쁨의 눈물로 마침표 찍고 떠날 수 있게. 생에 후회 없게.

4장을 마친 당신이, 당신에게

1장부터 4장까지 온 당신에게, 가장 중요한 삶의 가치는
무엇인가요? 그 가치가 무엇인지 적고,
그렇게 생각하는 이유까지 함께 기록해 보세요.

첫 장부터 끝 장까지, 자신과 글과 대화하며 걸어온 당신.
이제는 스스로 삶의 가치를 단단히 잡고,
누구에게도 흔들리지 않는 당신만의 삶을 살아가길 바랍니다.

삶에 정답이 없다는 사실을 인정하고 성장과 사랑,
관계와 삶의 정의를 스스로 내릴 수 있는 사람만이
본인만의 답을 내릴 수 있다.

글을 집필하며 쏟아낸 진심이,
글을 눈에 담는 누군가에게 닿아
그들의 삶에 방황을 조금이나마 줄여주길 바란다.

책을 덮는 순간, 당신이 새로운 시야로
당신의 삶을 바라보길 소원하며. 이만 씀을 마친다.

은방울꽃의 꽃말 : 다시 찾은 행복

이렇게 사는 게
맞는 걸까?

1쇄 초판 2025년 4월 4일

지은이 | 한예지
펴낸이 | 한예지
디자인 | 한예지
표지 일러스트 | 해화

펴낸곳 | 온화
등록번호 | 제2024-0000016호
등록일자 | 2024년 7월 8일

이메일 | onhwabook@naver.com
팩스 | 0504-320-7406

ISBN | 979-11-988579-5-8 (03810)

저작권법에 따라 무단 전재와 복제를 금지하며, 도서 내용의 전부 또는 일부를 이용하려면 반드시 저작권자와 출판사의 서면 동의를 받아야 합니다.

파본은 구입하신 서점에서 교환해 드립니다.